Kai Lindemann
Die Politik der Rackets

Kai Lindemann, geb. 1968, ist Politikwissenschaftler und Geschäftsführer vom Berliner Arbeitslosenzentrum (BALZ). Viele Jahre war er für den DGB tätig. Er hat in Frankfurt am Main studiert und über politische Korruption promoviert. Seit vielen Jahren publiziert er u.a. zum Racket-Begriff der Frankfurter Schule. Sein Buch wurde bereits ins Türkische übersetzt.

Kai Lindemann

Die Politik der Rackets

Zur Praxis der herrschenden Klassen

WESTFÄLISCHES DAMPFBOOT

Bibliografische Information der Deutschen Bibliothek
Die Deutsche Bibliothek verzeichnet diese Publikation in der Deutschen Nationalbibliografie; detaillierte bibliografische Daten sind im Internet über http://dnb.ddb.de abrufbar.

2., überarbeitete Auflage Münster 2024

Umschlag: Lütke Fahle Seifert AGD, Münster
Druck: Majuskel Medienproduktion GmbH, Wetzlar
Gedruckt auf alterungsbeständigem Papier mit chlorfrei gebleichtem Zellstoff
ISBN 978-3-89691-067-7

Inhalt

Vorwort zur 2. Auflage

Inzwischen gibt es viele Interpretationen des Racket-Begriffs der kritischen Theorie und es wäre äußerst verwunderlich, wenn sie alle in dieselbe Richtung führen würden. In diesem Buch reformuliere ich den Racketbegriff in einem klassentheoretischen Kontext, denn dieser entspricht meiner Einschätzung nach den Ursprungstexten von Horkheimer und Adorno. Herrschaftskritik mit dem Begriff der „herrschenden Klassen" zu betreiben, erscheint im heutigen Zeitalter extremer Ungleichheit nicht *en Vogue* zu sein und ist vielen Verdächtigungen unterworfen. Das ist paradox und sorgt für ein Vakuum in der politischen Debatte, das von irrationalen Phänomenen der politischen Gegenwart gefüllt wird. Zugleich ermüden die regelmäßigen Befunde zum Anstieg sozialer Ungleichheit, weil jegliche politische Initiative dagegen ausbleibt. Stattdessen unterstützen immer mehr reiche Personen autokratische Herrscher und finanzieren Kampagnen, die rechtsextremen Parteien Wählerstimmen zuführen.

Allerdings wird die Debatte über Oligarchen, Steuerparadiese, internationale Netzwerke und korrupte Eliten aufgrund aktueller Ereignisse immer transparenter. Das ist gut für die Diskussion des Racket-Begriffs, schließlich liegen dort die Beweise für seine Aktualität. Das Racket thematisiert ebenso die *beschränkte* Debatte über Ungleichheit, wie die politische Praxis der Oligarchen.

In die zweite Auflage sind viele Anregungen aus diesen Debatten eingeflossen. Neue Studien und Kommentare sind eingearbeitet. Die Argumentation ist stringenter und Fehlinterpretationen sind korrigiert. Das sind auch die Ergebnisse der Rezensionen, Interviews und Diskussionen auf Lesungen. Hierfür möchte ich dem interessierten Publikum, den Rezensenten, vielen Freunden und dem „Westfälischen Dampfboot" danken. Inzwischen ist eine türkische Übersetzung erfolgt, über die ich mich ganz besonders freue. Aber am meisten bin ich gespannt auf die weitere Debatte.

Vorwort

Die *Dialektik der Aufklärung* von Max Horkheimer und Theodor W. Adorno zählt zu den wichtigsten philosophischen Werken des 20. Jahrhunderts. In ihr wird an wenigen Stellen ein Begriff genutzt, dessen Bedeutung und Tragweite sich auf den ersten Blick nicht erschließt. Es ist der Racket-Begriff, der erstmals in den 80er und 90er Jahren des letzten Jahrhunderts intensiv diskutiert wurde, nach der Systematisierung und Herausgabe der nachgelassenen Schriften Max Horkheimers. Iring Fetscher[1] und Michael Greven[2] gehörten zu den ersten Politikwissenschaftlern, die in Horkheimers Notizen, Briefen und Vorarbeiten die Intention des Racket-Begriffs analysierten. Im Studium bin ich auf ihre Schriften gestoßen, habe seitdem die Veröffentlichung der Max Horkheimer-Gesamtausgabe verfolgt und den Racket-Begriff nicht nur in Horkheimers Schriften studiert.

Die neunziger Jahre waren die Zeit, in der sich große politische Veränderungen ankündigten. Vom Verlust des „Primats der Politik" war die Rede, Gewerkschaften verloren deutlich an Macht, staatliche Souveränität wurde internationalisiert, Finanzmärkte und Digitalwirtschaft expandierten enorm und die Klassentheorie zog *den Kürzeren* gegenüber der Diskurstheorie. Das Racket passte gut in diese Zeit und ließ mich seitdem nicht mehr los – auch weil viele sozialkritische Fragestellungen dieser Zeit uns bis heute verfolgen. Mit diesem Buch versuche ich erstmals meine veröffentlichten und unveröffentlichten Auseinandersetzungen mit Racket-Themen und dem Begriff zu bündeln. Viele Fragen und Ansatzpunkte beziehen sich zwangsläufig auf gewerkschaftspolitische Strategien und Themen, auf subtile Machtausübung in der Arbeitswelt und die Stärkung der Demokratie im Betrieb.

Trotzdem muss ich diesem Werk voranschicken, dass es sich hier um eine Arbeit handelt, die sich nicht unmittelbar auf gewerkschaftspolitische Debatten bezieht. Wenn, dann ist dieser Beitrag weit mehr eine Anregung, über die grundsätzliche Rol-

1 Fetscher 1986

2 Greven 1994

le gewerkschaftlicher Kollektive in der heutigen Gesellschaft nachzudenken.

Eine über zwanzigjährige Auseinandersetzung mit einem Begriff kann sich nicht allein aus Archivarbeit und Textanalyse nähren. Es bedarf schon eines stärkeren Interesses an Theoriebildung. Deshalb wird hier keineswegs eine Suche nach den „wahren Intentionen" der kritischen Theorie betrieben, sondern vielmehr eine Begriffsbildung vollzogen, die hoffentlich anschlussfähig für Staats- und Klassentheorien bleibt. Dabei sollte sich dieses Buch die Waage halten zwischen theoretischem Anspruch und politischem Kommentar, denn gewiss könnten einige theoretische Bezüge weitaus tiefgründiger und umfangreicher ausgeführt werden, als es hier der Fall ist. Damit sich aus diesem Spagat ein einigermaßen strukturiertes Werk ergibt, bin ich nicht nur Günter Thien, sondern auch vielen Menschen aus meinem Umkreis dankbar.

Meiner liebevollen Frau Milena danke ich für die permanente Unterstützung meiner Arbeit. Ohne ihre Geduld und das Verständnis meiner Söhne Lennart und Frederik wäre dieses Projekt nicht vollendet worden. Meinen Freunden Oliver Pankutz, Albrecht von Lucke und Dierk Hirschel bin ich zu besonderem Dank verpflichtet. Ihre kritischen Kommentare haben dem Buch erst diese Struktur gegeben. Und Sabine Sunnus danke ich für die Korrektur des Manuskripts. Viele Diskussionen der letzten Jahre haben mich inspiriert. Für die vielen Kolleginnen und Kollegen möchte ich hier stellvertretend Martin Kronauer, Ingar Solty und Dieter Scholz danken. Und ohne die motivierenden Worte von Klaus Dörre wäre dieses Buch nie zustande gekommen.

1. Zur Kritik der politischen Ökonomie im Neoliberalismus

Die Kritik der politischen Ökonomie ist gegenwärtig in einem desolaten Zustand. Trotz extrem steigender sozialer Ungleichheit hat sie Schwierigkeiten mit der politischen Relevanz neuer Klassenverhältnisse. Kapitalismuskritik konzentriert sich oft auf eine „subjektlose Steuerung“[1] in einem imaginären „Wahrheitsspiel“. Neben der Klassenanalyse tut sich die Kritik schwer mit der Analyse neoliberaler Staatlichkeit jenseits der Relikte einer verwalteten Welt des Fordismus. Entweder wird soziale Ungleichheit kritisiert – ohne sie materialistisch in den politischen Kontext der herrschenden Klassen zu integrieren.[2] Oder es wird Elitenkritik geäußert – ohne sie auf bestehende Klassenverhältnisse zu beziehen.[3] In beiden Varianten erscheinen die abhängigen Klassen nur als Opfer oder Objekt der herrschenden Verhältnisse. „Die Kritik der liberalen Gesellschaft kann vor dem Klassenbegriff nicht Halt machen, der so wahr und unwahr ist wie das System des Liberalismus.“[4]

Eine Kritik der politischen Ökonomie benötigt nicht nur einen zeitgemäßen Begriff der herrschenden Klassen, sondern auch einen Staatsbegriff jenseits formaler Institutionenlehre, der die besonderen Muster der Herrschaftspraxis berücksichtigt. Dann kann sie auch die problematischen Phänomene unserer Zeit in einem plausiblen Kontext darstellen. Zu ihnen zählen: Korruption, extreme Ungleichheit, *failed States* und Konzerne, die Staaten imitieren, – also nicht Staaten, die vom Kapital domi-

1 Krysmanski 2018, S. 144

2 Z.B. Piketty 2018, Graeber 2012, Vogl 2010 und 2021

3 Z.B. Hartmann 2018, Sandel 2020

4 Adorno 1975a, S. 13

niert werden, sondern Kapital, das zunehmend zum Staat wird.[5] Die fortschreitende Privatisierung der Politik ist Treiber dieser Entwicklungen. Sie spielt sich außerhalb der überkommenen Apparatelogik der „verwalteten Welt" ab. Es sind Phänomene, die sich in den Veränderungen von Exekutivfunktionen, Legislativfunktionen und judikativen Aufgaben in den westlichen Staaten identifizieren lassen. Private Sicherheitsdienste, Privatarmeen, Bürgerwehren, *No-Go-Areas* und sogenannte Parallelgesellschaften stellen die staatlichen Exekutivfunktionen in Frage. Unternehmerische Selbstverpflichtungen statt gesetzlicher Regulierung, personelle Verflechtungen zwischen Politik und Wirtschaft über die „Revolving Door"[6], ausufernder Lobbyeinfluss, permanente Korruptionsskandale und geduldeter Steuerbetrug stellen legislative Funktionen, ihre Legitimation und dessen Träger in Frage. Die Judikative wird in einigen Rechtsgebieten auf internationaler Ebene durch private Schiedsgerichte ersetzt. Sie nimmt auch in anderen Bereichen zunehmend Einfluss auf politische Entscheidungen, „kassiert" Gesetze und determiniert häufig den Rahmen politischer Gestaltung unter den Maximen der Eigentums- und Vertragsrechte.[7]

Die formale staatliche Souveränität wird durch operative Prämissen der neoliberalen Meritokratie beeinträchtigt, wie der privaten Plünderung öffentlicher Haushalte durch selbsternannte Leistungsträger bei gleichzeitiger Beschränkung sozialpolitischer Hilfen. Diese Entwicklungen und Phänomene sind noch kein Ausdruck des Verfalls demokratischer Institutionen in westlichen Ländern, vielmehr der massiven Infragestellung ihrer Gemeinwohlorientierung und ihrer Handlungsfähigkeit gegenüber dominanten wirtschaftlichen Interessen.[8] Die hieraus resultierenden Folgen der kontinuierlichen, gesellschaftlichen

---

5 Laut Fernand Braudel triumphiert das Kapital, wenn es zum Staat wird (Vogl 2021, S. 115).

6 Der sogenannte Drehtüreffekt: mit ihm wird der fließende Wechsel zwischen politischen Ämtern und privatwirtschaftlichen Funktionen beschrieben.

7 Einige arbeitsmarktpolitische Entscheidungen des Europäischen Gerichtshofes sind in den letzten Jahrzehnten dieser Maxime gefolgt. Auch nationale Verfassungsgerichte „kassieren" gegenwärtig öfter Gesetze, die Eigentumsrechte bzw. Privilegien berühren.

8 Entgegen: Crouch 2008

Spaltungen stellt die Frage in den Mittelpunkt: In wessen Interesse sind diese Zustände?

In allen OECD-Staaten hat die Ungleichheit an Einkommen und Vermögen in den letzten 30 Jahren Ausmaße erreicht, die den Zuständen im überwunden geglaubten Feudalismus gleichen.[9] Die Reichen treiben ähnlich wie damals die Gesellschaft immer stärker auseinander. Das machen sie selten bewusst aus politischem Kalkül, viel häufiger ist die soziale Spaltung ein Resultat ihrer *naturgemäßen und nicht eingehegten* Profitinteressen und den damit verbundenen Ausbeutungsmöglichkeiten von Mensch und Natur.

Viele Profiteure scheinen sich zu kennen. Sie respektieren sich und treffen sich zu informellen Gesprächen, bilden Netzwerke und sind Experten in eigener Sache. Einige sind Bestandteil der neuen Plutokratien und Oligarchien. Sie besitzen oft fließende Übergänge in kriminelle Milieus der Steuerparadiese und Offshore-Finanzplätze. Diverse Studien über organisierte Elitekriminalität, illegale Märkte und Korruptionsnetzwerke[10] haben dargelegt, dass im gegenwärtigen Neoliberalismus kriminelle Strukturen identisch mit legalen Strukturen in Wirtschaft und Politik sind. Neo-institutionalistische (also neoliberale) Netzwerk- und Verhaltenstheorien analysieren in bestechender Offenheit Clans und Cliquen und bewerten sie rein unter ökonomischer Effizienz.[11] Diese Theorien profilieren archaische Motive als wünschenswerte Bestandteile der modernen Wirtschaftswelt. In ihnen spielen Demokratie und Menschenwürde nur eine Nebenrolle, vielmehr treten immer wieder die widersprüchlichen Grundeigenschaften krimineller Banden hervor, wie Vertrauen, Loyalität, Schutz, Erpressung, Gewalt und ein eigener Wertekanon. Das sind Eigenschaften der Abschottung und Para-Staatlichkeit, die dem informellen, politischen Prozess zugeschrieben werden oder im Falle der *Corporate Crime* (Unternehmenskriminalität) gar nicht mehr vom normalen Geschäftsprozess unterschieden werden können.

---

9 Piketty 2018

10 Arlacchi 1989, Ruggiero 1996, Karstedt 1999

11 Wolff/Neuburger 1995, Dietz 1998,

Die Analyse von Korruption, informellen Machtnetzwerken, handlungsunfähigen Staaten und dominanten Monopolen ist oft von der Betrachtung ihrer Folgen, der sozialen Ungleichheit, und den Auswirkungen auf die Klassenverhältnisse getrennt. Das ist verwunderlich, denn in Bezug auf unternehmerische Praxis bringt das neoliberale Zeitalter keine anderen Folgen für die Klassenverhältnisse hervor, wie die vorherigen bürgerlichen Epochen auch. Scheinbar hat sich der Diskurs über unternehmerische Praxis verändert. Er rehabilitiert das archaische „Recht des Stärkeren" als vermeintliche Leistung in der Meritokratie.

Der Kritik der politischen Ökonomie fehlt ein herrschaftskritischer Begriff, der für diese parastaatlichen Phänomene Geltung beanspruchen kann und einen Klassenbezug besitzt. Dieser Arbeit liegt die These zugrunde, dass sich der Racket-Begriff hierfür eignet. Dabei wird hauptsächlich auf die Prämissen der älteren kritischen Theorie zurückgegriffen, die ähnliche Probleme der Klassentheorie erkannte, die uns heute begegnen. Insofern ist die vorliegende Arbeit auch ein Beitrag zur Rackettheorie.

In der kritischen Theorie ist das Racket die archaische „Grundform politischer Herrschaft"[12] und basiert in letzter Konsequenz auf physischer Zwangsgewalt, ob in quasi-souveränen Netzwerken, Clans, Oligarchien oder monopolistischen Machtgruppen. Staatliche Strukturen werden im Racket imitiert oder ergänzt. Rackets bilden privilegierte Komplizenschaften zwischen privatem Kapital, staatlichen Monopolen und militärischen Befehlsgewalten. Zur gesellschaftlichen Anerkennung organisiert das Racket Beutegemeinschaften, die auch einen komplizenhaften Integrationsmodus besitzen und mit denen solidarisches Klassenhandeln beeinträchtigt wird. Rackets machen die politische Praxis der herrschenden Klassen deutlich.

Mit dem Racket wird ein Begriff vorgeschlagen, der kapitalistische Herrschaftspraxis im gegenwärtigen Neoliberalismus präzisiert. Er beschreibt damit die essentiellen Möglichkeiten dieser Praxis und nicht ihre Allgegenwärtigkeit in allen politischen und gesellschaftlichen Institutionen.

12 Lindemann 2000

Dabei soll weder eine umfassende Kritik der politischen Ökonomie im Neoliberalismus theoretisch kohärent konstruiert, noch eine empirische Studie über Skandale erstellt werden. Hier wird auf eine zentrale Leerstelle in der zeitgenössischen Sozialkritik hingewiesen: einer „Theorie der politischen Praxis der herrschenden Klassen". Dafür wird der Racket-Ansatz der Frankfurter Schule mit kritischen Hinweisen auf seine Widersprüche und Leerstellen reformuliert. Dieser Diskussion dienen auch analoge Theorieansätze, die sich derselben herrschaftskritischen Intention annehmen, oft auch mit der Verwendung der Racket-Metapher. Im Neoliberalismus bekommt das Praxismuster des Rackets auch deshalb eine zentrale Bedeutung, weil es sich schon in ähnlichen Kategorien neoliberaler Theorien und Ideologien niederschlägt.

2. Der Racket-Begriff der Frankfurter Schule

Das Wort „Racket" ist ein schillerndes Wort. Es bezeichnet sowohl Tennisschläger als auch verruchte Jobs. In den politikwissenschaftlichen Diskurs hat es Einzug gehalten, weil es nicht nur kriminelle Praxen samt Akteuren meint, sondern ein „Urprinzip" der Staatlichkeit impliziert, das von Hobbes mit der Formel „Schutz gegen Gehorsam"[1] auf den Punkt gebracht wurde. Ein Racket bezeichnet den Zustand der Schutzgelderpressung, beziehungsweise die Gruppe, die Schutzgeld erpresst. Die Analogie zum Staatsaufbau besteht in der Gleichsetzung von Schutzgeld und Steuern.[2]

Der Racket-Begriff war in den dreißiger Jahren des letzten Jahrhunderts zu Zeiten des sogenannten *Labor Racketeering* in der US-amerikanischen Öffentlichkeit äußerst populär.[3] Anfangs diente er der Unternehmerlobby in Auftragsarbeiten zur Verhöhnung von Arbeiterinteressen.[4] Der Höhepunkt seiner Verwendung zur Kriminalisierung der Gewerkschaften war im Jahr 1940, als erstmals Tarifverhandlungen während des *New Deal* in den USA gesetzlich institutionalisiert werden sollten.[5] Nach dem 2. Weltkrieg wurde seine Bedeutung im sowjetischen Einflussbereich verkehrt und das Wort diente zur pauschalen Kritik des amerikanischen „Western-Kapitalismus".[6] Der amerikanische Soziologe C. W. Mills hat in den fünfziger Jahren

1 Hobbes 1966, S. 255 ff.

2 Vgl. Tilly 1985

3 Z.B.: Huberman 1937, Seidman 1938, Solosky 1938, Berle/Means 1939

4 Hostetter/Beesley 1933

5 James Schmidt, *Racket, Monopoly and the Dialectic of Enlightment*, vom 12. Januar 2016 auf: https://persistentenlightenment.com/2016/01/12/rackets/; abgerufen am 14.07.2023

6 Lossow 1949

weitaus differenzierter mit seiner empirischen Analyse der amerikanischen Machtelite das Standardwerk über die etablierten Rackets der USA geschrieben, auch wenn er dort viel häufiger von Cliquen spricht.[7] Das provokante Wort Racket ist bis heute in der US-amerikanischen Öffentlichkeit ein Kampfbegriff zur Disqualifizierung politischer Zustände mit mal mehr mal weniger Potential zur kritischen Analyse.

Die zugespitzte Doppeldeutigkeit, der widersprüchliche Klassenbezug und die Analogien zu historischen Formen der Staatlichkeit machten den Begriff für die Herrschaftsanalyse der Frankfurter Schule attraktiv. Der *Racketeer* ist der Prinzipal und das *Racketeering* die Ausübung seiner Herrschaft. Bei Horkheimer und Adorno wird das Racket synonym für Bande, Clique oder Gang verwendet, die in der liberalen Öffentlichkeit Europas normaler Sprachgebrauch für abgeschlossene, verdächtige Gruppen sind. Für Horkheimer stand folgende, zentrale Racket-Frage zu Beginn der vierziger Jahre im Vordergrund: Warum sind Nationalismus und Antisemitismus in den liberal-demokratischen, kapitalistischen Gesellschaften als Ressentiments wirkmächtiger im gesellschaftlichen Prozess als Klasseninteressen? Hierzu führte er aus:

> „Das Racket ist eine unter sich verschworene Gruppe, die ihre kollektiven Interessen zum Nachteil des Ganzen durchsetzt. Die Nation ist diejenige Organisation, welche diesen Rackets dient. Daß das Ganze die Nation sei, ist reine Ideologie. Der Nationalismus steht im Gegensatz zum Wohl der Gesellschaft, obwohl er das Wohl des ganzen als seine Parole ausgibt. (...) Das Racket wird deswegen zur zentralen Kategorie, weil die Gesellschaft sich nicht mehr in einer aufwärts steigenden oder statischen Phase, sondern in einer rückwärts gerichteten Phase befindet."[8]

Der Zustand des Klassenkampfs im Faschismus war für sein Urteil entscheidend. Horkheimer sah eine Kontinuität von Kartellen zu faschistischen Organisationen. Zudem hätte sich die Herrschaftspraxis des Bürgertums mit all ihren Ausschlussformen in die Arbeiterklassen getragen.

---

7 Mills 1962, S. 261

8 Horkheimer 1988, S. 334/335

Allerdings verliefen die Diskussionen über diese Annahmen im exilierten Institut für Sozialforschung äußerst kontrovers. Der zentrale Konfliktpunkt war der Racket-Bezug auf die unterschiedlich konnotierten Faschismusanalysen von Franz Neumann[9] und Friedrich Pollock.[10] Die daraus resultierende Auseinandersetzung war ursächlich für die geringe Erwähnung des Racket-Begriffs in der *Dialektik der Aufklärung* und prägte auch seine spätere Interpretation. Die überspitzte Beurteilung der Gewerkschaftspolitik wurde zu Recht von Neumann, Marcuse und Grossmann kritisiert. Doch eine differenzierte Antwort auf die Frage der Verfasstheit des Klassenkonflikts im Faschismus boten die Kritiker auch nicht an, außer dass sie dessen Existenz in vermittelter Form konstatierten. Weitaus interessanter ist allerdings ihr offensichtliches Unverständnis bezüglich der Verwendung des Racket-Wortes in der amerikanischen Öffentlichkeit. Denn dort beschrieb es nicht nur als Kampfwort die Korruption der Gewerkschaftsführer, sondern war letztlich Ausdruck der Anpassung der Arbeiterbewegung an die politische Praxis der herrschenden Klassen, um gegen sie bestehen zu können. Mit dem Ausbleiben der revolutionären Überwindung des Klassenantagonismus beschrieb es eine Rationalität, die der Aufrechterhaltung des Klassenkampfs „auf Augenhöhe" – auch mit illegalen Methoden diente. So konstatiert Horkheimer Anfang 1943 in einem Brief an Grossmann:

> „Eigentlich geht es um die Dialektik der Legitimität, (...) inwiefern die Klasse schon immer ein Inbegriff von Rackets war, bedeutet nichts anderes als den Nachweis erbringen, dass die Allgemeinheit des Rechts in dieser Gesellschaft in steigendem Maß in der Unmittelbarkeit der Herrschaft untergeht, als deren Rationalisierung seit je sie fungiert hatte. (...) Eine Frage wie die vom ›Einfluss der Rackets‹, zum Beispiel auf die alten Institutionen der europäischen Demokratie, ist dem gegenüber sekundär, denn die Rackets sollen ja nicht als eine Macht jenseits des Systems sondern als die eigentlich bestimmende Form der Klassenherrschaft selber erscheinen."[11]

Der Racket-Begriff erlebte im Jahr 1942 seine „Inflation" in den Schriften, Notizen und Briefen von Horkheimer und vielen Ins-

9 Neumann 1993

10 Pollock 1975

11 Horkheimer 1996, S. 399

titutsmitarbeitern. Der Faschismus als Ausnahmeregime bürgerlicher Hegemonie war auf dem Höhepunkt und die marxistische (Klassen-)Theorie stand mehr denn je auf dem Prüfstand.[12] Es war die Zeit der Entstehung der *Dialektik der Aufklärung*. Sie sollte ursprünglich *das* Racket-Buch werden, was Briefen, Notizen und Vorarbeiten zu entnehmen ist.[13] Auch in den klassentheoretischen Vorarbeiten zur *Dialektik* nahm der Begriff einen zentralen Stellenwert ein. Er wurde erstmals in dem unveröffentlichten Text *Die Rackets und der Geist* von 1939/40 erwähnt.[14] In diesem Ursprungstext versucht Horkheimer die Zielrichtung seines Interesses an diesem Begriff festzulegen, um ihn später in das geschichtsphilosophische Konzept der *Dialektik der Aufklärung* zu integrieren. *Die Rackets und der Geist* ist der wohl bedeutendste „Rackettext", der als Forschungsprogramm zur Analyse von Herrschaft und Gewalt gelesen werden kann.[15] In *Zur Soziologie der Klassenverhältnisse* und den *Reflexionen zur Klassentheorie*, die vorerst nicht zur Veröffentlichung gedacht waren, wird der Klassenbegriff um Racket-Kategorien erweitert, was zu einer begrifflichen Relativierung des Klassenkampfs führt. Damit wird schon die Reformulierung des materialistischen Herrschaftskonzepts, wie es in der *Dialektik* ausführlicher dargelegt ist, angedeutet. Horkheimer haderte mit der „Metaphysik des historischen Materialismus". Er sah Marx falsch verstanden, wenn vom materiellen Sein auf das wahre Bewusstsein und folglich auf die politische Praxis der Arbeiterklassen geschlossen wird, ohne die „komplizierende Rolle der psychischen Zwischenglieder" zu berücksichtigen. Noch 1968 konstatierte Horkheimer, „dass die Lehre von Marx und Engels noch immer unerlässlich zum Verständnis gesellschaftlicher Dynamik sei, für die Erklärung der inneren und äußeren Verhältnisse der Nationen in der Gegenwart reiche sie aber nicht mehr aus."[16]

---

12 In Zeiten der rechtsautoritären Reaktion und der Hegemonie bürgerlicher Ausnahmeregime stellt sich immer die Frage nach deren Legitimation und Anerkennung in den Klassenstrukturen, vgl. Bonapartismus (Marx 1984).

13 Fuchshuber 2019

14 Horkheimer 1985c, S. 287 f.

15 Bröckling 2019

16 Blank 2002, S. 52 ff.

Der Racketbegriff sollte Abhilfe schaffen, denn spätestens seit Faschismus und Stalinismus war für ihn die Emanzipation der Arbeiterklasse misslungen. Die Gewerkschaften im Westen hätten mit verschiedenen Reformstrategien ihre Struktur und Funktion denselben Herrschaftsprinzipien angeglichen, die sie ursprünglich überwinden wollten. Die amerikanischen Gewerkschaften im *New Deal* würden ihre Politik und gesellschaftliche Aufgabe nun als „business"[17] betrachten. Diese pessimistischen Diagnosen resultierten nicht nur aus den Korruptionserfahrungen im *Big Labor*, der nationalistischen Rolle der deutschen Arbeiterbewegung im Ersten Weltkrieg, ihrer Spaltung in der Weimarer Republik und der dann folgenden Passivität und Zerschlagung im „Dritten Reich". Hinzu kam die fehlende Solidarität der Arbeiterbewegungen in den Weltkriegen untereinander und letztlich die etatistische, undemokratische Konsolidierung des „Stalin-Racket" in Sowjetrussland. Das führte Horkheimer und Adorno zur theoretischen Relativierung des Klassenkampfs, der sich zur „Klassenanpassung und in Kriege umgewandelt"[18] habe. Der eigentliche ausbeuterische Klassenantagonismus hätte sich damit auf die internationale Ebene als Kampf zwischen verschiedenen Rackets verschoben.[19]

Die Gewerkschaften, so heißt es bei Horkheimer, „haben es gelernt, gesellschaftliche Ungerechtigkeit – selbst Ungleichheit innerhalb ihrer eigenen Gruppe – als mächtige Tatsache hinzunehmen und mächtige Tatsachen als das einzige anzusehen, was zu respektieren ist."[20]

Und weiter schlussfolgert er: „Aus der Gesellschaft der Klassen ist eine Gesellschaft der Rackets geworden, die auf beiden Seiten der früheren antagonistischen Klassen zu finden sind und ohne Rücksicht auf die eigene Klassenzugehörigkeit Bündnisse miteinander eingehen."[21]

---

17 Kirchheimer 1964, S. 73

18 Horkheimer 1985a, S. 85

19 Vgl. Horkheimer 1987, Nachwort der Herausgeber, S. 439

20 Horkheimer 1985a, S. 89

21 Horkheimer 1988, S. 393

Dieses überspitzte Urteil missachtet zwar den demokratischen Aufbau vieler westlicher Gewerkschaften und ihre hart erkämpften Erfolge in der Arbeitswelt, aber zugleich deutet es die Grenzen des emanzipativen Klassenhandelns im fordistischen Klassenkompromiss nach dem 2. Weltkrieg an. Horkheimer wollte mit dem Racketbegriff weniger das Scheitern der Arbeiterbewegung verurteilen, als die Grenzen ihres Handelns im kapitalistischen Herrschaftsverhältnis deutlich machen. Entsprechend ist sein Hauptinteresse am Racketbegriff die Entwicklung einer „Theorie der politischen Praxis der herrschenden Klassen", denn: „Marx hat nicht gesehen, daß die Scheidung Proletariat – herrschende Klasse eine Theorie der letzteren ist."[22]

Schon in den dreißiger Jahren wurde mit dem Arbeitsprogramm des exilierten „Instituts für Sozialforschung" dieser Weg eingeschlagen, der zu einer theoretischen Grundlegung eines „interdisziplinären Materialismus" führen sollte. Zentrale Aspekte dieses Programms begleiten die geschichtsphilosophische Argumentation in der *Dialektik der Aufklärung.*[23] Aus dieser Reformulierung der Kritik der politischen Ökonomie sollte eine differenzierte Auseinandersetzung mit dem Klassenbegriff resultieren, um dessen *Unwahrheit* zu erfassen. In der widersprüchlichen Vermittlung von ökonomischen Ausbeutungsverhältnissen und politischer Interessenpolitik wurde diese *Unwahrheit* des Klassenbegriffs identifiziert.[24] Schon Marx thematisierte diesen Widerspruch in der Schrift *Der achtzehnte Brumaire des Louis Bonaparte.*[25] Und fast ein Jahrhundert später nahm sich auch Antonio Gramsci der widersprüchlichen Vermittlung von Klasseninteressen in politischen, sozialen und letztlich militärischen Kräfteverhältnissen an. Seine Argumentation versucht über verschiedene Vermittlungsformen die Starrheit des materialistischen Basis-Überbau Konzeptes zu überwinden.[26] Die politischen Klassenorganisationen konsolidieren sich bei ihm im

---

22 Horkheimer 1988, S. 439

23 Schmid Noerr 1997, 51 ff.

24 Adorno 1975a

25 Marx 1984, 222 ff.

26 Gramsci 1991, § 38, 493 f.

„Block an der Macht" und sind von organischen Intellektuellen beeinflusst und geprägt.

Für Horkheimer und Adorno sind alle historischen Klassenkonflikte, ihre Institutionalisierung in Staat, Religion und Tauschverhältnissen (Wirtschaft) zu allererst von der Praxis der herrschenden Klassen determiniert. Die subalternen Klassen stehen dabei in einer psychologischen, religiösen, kulturellen und materiellen Abhängigkeit zu ihnen, die Möglichkeiten ihrer Emanzipation maßgeblich bedingen. Sie arrangieren sich in den Verhältnissen weit mehr, als sie risikobehaftet überwinden zu wollen. Der Racket-Begriff soll diese Abhängigkeit anhand der herrschenden, politischen Praxis entschlüsseln.

> „Jede herrschende Klasse ist immer insofern monopolistisch gewesen, als sie sich von der überwältigenden Mehrheit der Menschen abriegelte. Die Struktur entsprach der konkurrierender Rackets. Selbst die gesellschaftlich nützlichen Funktionen, welche die herrschenden Klassen ausübten, haben sich in Waffen gegen die unterdrückte Bevölkerung und gegen die konkurrierenden Gruppen ihrer eigenen Klasse verwandelt."[27]

Die Praxis der herrschenden Klassen ist geprägt von Beuteanteil, Komplizenschaft, Konkurrenz und dem Schutz der Beherrschten. Die beherrschten Klassen stehen in einem dynamischen Abhängigkeitsverhältnis zu ihr. Es wird durch Anpassung, Loyalität und Gerechtigkeitsversprechen (Beuteanteil) stabilisiert. Adorno bringt den zentralen Aspekt der Anpassung mit der temporären Identität der Interessen auf den Punkt:

> „Die Interessengleichheit reduziert sich auf die Partizipation an der Beute der Großen, die gewährt wird, wenn alle Eigentümer den Großen das Prinzip souveränen Eigentums zugestehen, das jenen ihre Macht und deren erweiterte Reproduktion garantiert: die Klasse als ganze muß zur äußersten Hingabe ans Prinzip des Eigentums bereit sein, das sich real vorab aufs Eigentum der Großen bezieht."[28]

Das kapitalistische Eigentumsrecht an Produktionsmitteln begründet und legitimiert das Privileg der herrschenden Klassen.[29]

---

27 Horkheimer 1985a, S. 101

28 Adorno 1975a , S. 12

29 Zur Eigentumsfrage im Kapitalismus: vgl. Bontrup 2017

Mitglied eines Rackets und seiner Beutegemeinschaft zu werden, ist ein „materielles Interesse aller Individuen“ geworden. Die Lohnarbeiter nehmen dabei ihre Stellung in den Produktionsverhältnissen als dasselbe Naturereignis hin, wie sie die Eigentumsrechte (*Property Rights*) anerkennen, weil sie sich auch auf ihr weitaus geringeres Eigentum – ihren Beuteanteil – beziehen. Selbst wenn der Besitz illegal angeeignet wurde, steht die gesellschaftliche Anerkennung im gegenwärtigen Neoliberalismus oft nicht in Frage. Das zeigt, dass auch illegale Märkte Souveränität garantieren können, die ihnen von para-staatlichen Rackets gewährt werden. Rackets treiben immer zur Vereinigung von Souveränität und Klassenherrschaft. Somit kann auch der Klassenkampf illegale Strategien annehmen, wie sie im amerikanischen *Labor-Racketeering* der Gewerkschaften bis in die siebziger Jahre des letzten Jahrhunderts üblich waren.

Der Racket-Begriff besitzt im Gegensatz zum Elitebegriff einen Bezug zur herrschenden Klasse und den gesellschaftlichen Klassenverhältnissen. Rackets beider Klassen[30] verdecken, entschärfen und verschärfen den Klassenkonflikt. Sie bilden eigene Strategien, sind aber selten unmittelbar an der Bildung hegemonialer Ideologien beteiligt. Das übernehmen im Sinne Gramscis die organischen Intellektuellen, die vermittelt zu den Klassen stehen. Zumeist sind es aber technokratische Expertisen, die herrschende Klassen zur Stabilisierung und dem Ausbau ihrer Privilegien benötigen. Der liberale Staat der bürgerlichen Gesellschaft und seine temporär faschistisch-bonapartistischen Sonderformen sind für moderne Rackets zweifellos vorteilhafte Herrschaftsformen. Autoritäre Regime können nur temporär das Kapitalverhältnis *befrieden*, zum Beispiel gegen missliebige Rackets der herrschenden Klasse oder Angehörige des Militärs. Die meisten Rackets können weitaus flexibler im Autoritarismus ihre Souveränitätsräume verwalten. Nur die Weltmarktfähigkeit und die Innovationsbereitschaft der international ausgerichteten Klassenfraktionen werden eingeschränkt, wodurch ihre Existenz

30 Wobei immer wieder darauf hingewiesen werden muss, dass es sich bei Rackets der subalternen Klassen immer um Racketimitationen handelt, denn nur die herrschenden Klassen besitzen „wahre“ Rackets.

gefährdet ist. Insofern ist die Frage nach den Grundlagen liberaler oder autoritärer Regime immer eine strategische Frage nach der Dominanz jeweiliger Rackets oder Kapitalfraktionen, die im jeweiligen System bessere Handlungs- und Entwicklungsspielräume sehen.

Die Dominanz der Rackets ist also nicht nur ökonomisch determiniert, sondern auch politisch bedingt durch die Interessen der herrschenden Klassen. Sie müssen anerkannt sein oder autoritär mit militärischen Gewaltmitteln beschützt werden. Rackets ist der Kampf um politische Privilegien, ihre kontinuierliche Absicherung und die damit zusammenhängende Erstarrung in Bündnissen wie Zünften, Gilden, Kartellen oder Oligarchien immanent. Sie nehmen Autoritarismus und Gewalt in Kauf, solange es ihrer Selbsterhaltung dient. Die Arbeiteraristokratie im sowjetischen Staatssozialismus imitierte sie bis zum erstarrten Autoritarismus, um international bestehen zu können. Die westlichen Racketstrukturen der etablierten korporatistischen Kartelle im *Golden Age* des Fordismus waren aufgrund ihrer Klassenkompromisse durch abgesicherte Beutegemeinschaften dynamischer. Sie wurden erst Ende der sechziger Jahre einem neuen Verwertungsdruck ausgesetzt und fügten sich mit dem Ende von *Bretton Woods* dem neoliberalen Umbau der Finanzsysteme. Zunehmend wurden sie nun auf ihren *herrschenden* Klassencharakter zurückgeworfen, denn die fordistischen Rackets konnten noch „ohne Rücksicht auf die eigene Klassenzugehörigkeit Bündnisse miteinander eingehen."[31]

Voraussetzung dieser Bündnisse war die „politische Einhegung" der herrschenden Klassen im fordistischen Staat, dessen Relikte heute noch in abgeschwächter Form vorhanden sind.

Die Bedeutung der Herrschaftsdynamik ist nicht nur für Horkheimers Racket-Fragmente, sondern insgesamt für die soziologischen Studien der kritischen Theorie zentral.[32] Statik und Dynamik werden in einem dialektischen Verhältnis gedacht. Sie sind

---

31 Horkheimer 1988b, S. 393

32 Statik und Dynamik werden von der kritischen Theorie dialektisch auf Herrschaftsverhältnisse und die gesellschaftliche Entwicklung bezogen. Das führte Adorno (1984) in den fünfziger Jahren gegen die positivistische Lehre von August Comte aus.

für die Kontinuität der hegemonialen, liberal-kapitalistischen Ideologie von großer Bedeutung. Horkheimer beschreibt Ende der sechziger Jahre diese zentralen Eigenschaften anhand der unterschiedlichen Machtblöcke im „Kalten Krieg". Er vergleicht die dynamische Racket-Struktur von Arbeit, Kapital und Staat im Westen mit der undynamischen, monolithischen Struktur des Ostens, „wenngleich die im Osten herrschenden Rackets in ihrer wenig entwickelten Wirklichkeit so viel geringere Sicherheit genießen als die des kapitalistischen Westens, (...)."[33]

Das Racket ist nur sekundär ein Strukturbegriff, weil konkret definierte Strukturen dieser Dynamik nicht gerecht werden und sie vielmehr an ihrer Praxis identifizierbar sind. Racketimitationen in Familien und anderen beliebigen sozialen Gruppen bilden deshalb nur insoweit *authentische* Rackets, wie sie zur herrschenden Klasse in einer Beziehung – einer Komplizenschaft – stehen. So verhielt es sich mit dem *Habsburger Racket,* in dem Familienzugehörigkeit und herrschende Position nicht getrennt werden konnten.

Rackets besitzen in ihrer primitiven Urform immer die Gestalt von Gangsterbanden[34], die es nur in schwach institutionalisierten und von der Bevölkerung gering anerkannten Staaten gibt, wie in Sizilien.[35] Diese archaischen Formen sind Beleg einer undynamischen Herrschaft, denn das kriminelle Racket schafft keine Übereinkünfte und muss von oben autoritär geführt werden, damit abweichende Interessen unwirksam bleiben. Dann ist es starr und sein Gleichgewicht und seine Existenz ist gefährdet. Ein dynamisches Racket verbindet stets die Interessen der neuen Gruppen mit den alten Gruppen innerhalb der herrschenden Klasse in einem vorrausschauenden Kompromiss.[36]

---

33 Horkheimer 1991a, S. 410 f.

34 Überspitzt formuliert ist Herrschaft immer anerkanntes Gangstertum.

35 Das labile, dynamische Racket ist der Normalfall im *Staatsalltag.* Das starre, verschworene, gewaltförmige Racket ist wiederum der Normalfall in den Produkten der Kulturindustrie als Krimi, Thriller, Western oder Kriegsfilm. Der Gangster, Söldner, Condottieri ist und war der populäre Racketeer – er ist die schauerliche Warnung vor der gewaltförmigen Wahrheit der Herrschaft. Vgl. auch Hess 1994

36 Kirchheimer 1964, S. 93

Der Racket-Begriff wurde keinesfalls von Horkheimer, Adorno, als auch Kirchheimer in der Nachkriegszeit fallengelassen. Die erst in den achtziger und neunziger Jahren des 20. Jahrhunderts veröffentlichten Briefe, Notizen und Gesprächsprotokolle Horkheimers belegen, welche Bedeutung die Racketintentionen für seine Herrschaftskritik noch bis zu seinem Tode einnahmen. Adorno sprach noch in einem seiner letzten Texte „Marginalien zu Theorie und Praxis" von: „Jeweils dominierende Cliquen haben vorweg die von ihnen gewollten Ergebnisse parat."[37]

Bis heute hält die Diskussion über die Bedeutung der „politischen Theorie" Adornos und Horkheimers an. Dabei steht auch die Einordnung des Racketbegriffs wieder einmal zur Diskussion.[38] Weite Interpretationen und enge Diskreditierungen sind dabei nicht nur den fragmentarischen Erwähnungen der Rackets geschuldet, sondern auch den teils widersprüchlichen Ausformulierungen zwischen „klassentheoretischen Vorarbeiten" und den späten „Notizen". In der Nachkriegszeit verwischt Horkheimer seine materialistischen Intentionen mit dem Theorem der „verwalteten Welt".[39] Es ist dann häufig die Rede von „Gruppen" in Bezug auf das kartellierte und bürokratische System der Interessenpolitik in Deutschland. Welche Bedeutung den Korporationen und Kartellen im Staatswesen der „verwalteten Welt" zukommt, hat damals in der bundesrepublikanischen Öffentlichkeit für ausgiebige Diskussionen gesorgt.[40] Insofern zielte die Racket-Beschreibung der fünfziger Jahre eher auf Bürokratien, die heute informeller in Unternehmensberatungen und Anwaltskanzleien ihr *Pendant* finden. Die Klassenstrukturen im institutionell gefestigten Nachkriegskompromiss gerieten dabei in den Hintergrund.

Einige Kommentatoren sehen die unkonkreten Bezüge der späteren Racketschriften schon als umfassendes Statement für die allgegenwärtige Gesellschaft des „Gangsterism".[41] Damit

---

37 Unter: http://www.copyriot.com/sinistra/reading/agnado/adorno02.html; abgerufen am 10.10.2020

38 Vgl. die Beiträge in: Bohmann/Sörensen 2019 und Buchstein 2019.

39 Vgl. die Beiträge in: Ruschig/Schiller 2014

40 Z.B.: Eschenburg 1963

41 Pohrt 1997

entspräche der Racketbegriff dem profanen Gestus des Sozialbanditentums, mit dem „abweichendes Verhalten“ als Widerstandsmoment betrachtet wird, entgegen den ursprünglichen Racket-Intentionen der Frankfurter Schule, die Faschismus als Resultat der ökonomischen Entwicklung des Kapitalismus betrachtete. „Nicht einbrechende Gangster haben in Deutschland die Herrschaft über die Gesellschaft sich angemaßt, sondern die gesellschaftliche Herrschaft geht aus ihrem eigenen ökonomischen Prinzip heraus in die Gangsterherrschaft über.“[42]

Diese zentralen politiktheoretischen Intentionen des Begriffs werden in der Rezeption oft durch Allgemeinplätze verwässert. Zugleich wird der Racketbegriff auf Implikationen reduziert, die nicht seinen umfänglichen Erwähnungen und Ausführungen entsprechen, zum Beispiel allein auf Gewalt[43] oder auf *Riot*-Formen des Antisemitismus.[44] Beide Implikationen sind in den frühen Racketschriften zwar Bestandteile, bilden jedoch *nur* ein Charakteristikum.

In Bezug auf den eliminatorischen Antisemitismus diagnostizieren Horkheimer und Adorno in der *Dialektik der Aufklärung* das bisher größte „verschworene nationale Racket“: die völkische Komplizenschaft bei der Judenvernichtung im Dritten Reich. Vor diesem Hintergrund mutet es umso problematischer an, dass einige Kommentatoren den Racket-Ansatz als verschwörungstheoretisch, überspitzt oder als ein „Passe-Partout“ für Alles und Nichts betrachten.[45] Die Debatte über die *wahren* Intentionen Horkheimers und Adornos soll hier nicht weitergeführt werden, vielmehr sollen die herrschaftskritischen Qualitäten des Racket-Begriffs für die Gegenwart mit aktuellen Analysen und analogen Begriffsbildungen reformuliert und erweitert werden.

Es ist kein Zufall, dass in den letzten Jahren zur kritischen Betrachtung neoliberaler Skandale, insbesondere in der angelsächsischen Publizistik, wieder häufiger auf den Racket-Begriff als Metapher für ein *business* quasi-souveräner Eliten zurückgegriffen

---

42 Horkheimer 1987a, S. 332

43 Greven 1994, Bröckling 2018

44 Fuchshuber 2019

45 Vgl. Lindemann 2000

wurde. Dabei bezieht er sich sowohl auf philanthropische Rackets[46], das Pharma-Racket[47] der amerikanischen Opiathersteller, das Consulting-Racket[48] als auch auf die imperialistische Politik der USA[49] *per se*. Als Racket wurden Gruppen der amerikanischen „Machtelite" beschrieben[50] und diverse Korruptionsnetzwerke.[51] Eine der plausibelsten Verwendungen des Racket-Begriffs findet sich in der Analyse lateinamerikanischer politischer Systeme.[52] Aber auch zur Betrachtung des russischen Oligarchen-Systems und dominanter Gruppen und Clans in *failed states* konnte der Begriff als aufschlussreiches Konzept dienen.[53]

Ein Grund für die häufige Verwendung des Rackets in der amerikanischen Öffentlichkeit ist auch dessen Einzug in die US-Rechtsprechung. Am 15. Oktober 1970 wurde der *Racketeer Influenced and Corrupt Organizations Act* (RICO) vom amerikanischen Kongress verabschiedet.[54] Er sollte ein Instrument gegen die Kriminalität der amerikanischen Mafia und die Korruption der *Teamster*-Gewerkschaft sein. *RICO* beinhaltet nicht nur strafrechtliche Mittel, sondern auch zivilrechtliche Klagemöglichkeiten zur Entschädigung Dritter. Gerade die möglichen Schadensersatzansprüche sind in deutschen Gesetzen gegen Bandenkriminalität nicht so umfangreich, wie es gegenwärtig am Wirecard-Prozess, als auch beim Dieselskandal ersichtlich wird. Interessant an der Geschichte des *RICO-Acts* ist, dass auf seiner Grundlage sowohl die *Aryan Brotherhood*, die Cosa Nostra, als auch Investmentbanker der Wall Street und die Konzerne Mi-

---

46 Chris Lehmann, The Philanthropy Racket, unter: https://www.jacobinmag.com/2018/08/the-philanthropy-racket; abgerufen am 11.08.2020

47 Meagan Day, The Latest Health Care Racket, unter: https://www.jacobinmag.com/2018/03/us-health-care-system-pharmaceutical; abgerufen am 11.08.2020

48 Adam Sheingate, The Political Consulting Racket: https://www.nytimes.com/2015/12/30/opinion/campaign-stops/the-political-consultant-racket.html?searchResultPosition=1; abgerufen am 11.08.2020

49 Kennard 2015

50 Mills 1962

51 Reuter 1993

52 Schulte-Bockholt 2006

53 Die Beiträge in: Heyman (Ed.) 1999

54 Siehe: https://www.usssc.gov/guidelines/primers/rico; abgerufen am 09.07.2023

crosoft und BP (*Deepwater Horizon* Skandal) verurteilt wurden. Hier zielt der Racket-Begriff ebenso auf kriminelle Vereinigungen, wie auf Praxen der herrschenden Klassen.

Der Racket-Begriff hat oft unterschiedliche Bezüge auf Akteure, aber seine Grundcharakteristika sind in allen Studien, Rechtsprechungen und Kommentaren gleich: das Racket ist eine dynamische von äußeren Entwicklungen und inneren Kräfteverhältnissen bestimmte para-staatliche Herrschaftsstruktur, die auf Machterhalt, Profitstreben und „Schutz gegen Gehorsam" (im rechtlichen Sinne Erpressung) ausgerichtet ist. In allen Beispielen übt das Racket dieselbe politische Praxis aus: mit offener Gewalt oder verborgenem Zwang, Schutzversprechen durch Beuteanteil formal oder informell zu institutionalisieren.

Rackets implizieren immer die Praxis der herrschenden Klassen, ihre hegemonialen, ideologischen und psychologischen Mittel der Beherrschung und im Zuge dessen den Aufbau parastaatlicher Souveränitätsfunktionen. Diese Intentionen sind in Horkheimers Text *Die Rackets und der Geist* am umfangreichsten dargelegt. Er sollte deshalb immer als Grundlegung einer kritischen Racket-Theorie Erwähnung finden.

3. Rackets und Klassen

Die Racket-Theorie lenkt den Blick auf die herrschenden Klassen und ihre Beutegemeinschaften, ohne dadurch in eine gesellschaftsferne Elitentheorie mit Verschwörungsverdacht zu verfallen. Denn die Politik und Struktur der abhängigen Klassen ist immer determiniert durch die herrschenden Klassen, sonst würde ihr der Zusatz „herrschende“ nicht zustehen. Zeitgenössische Klassenanalysen beschränken sich oft auf Strukturanalysen der abhängigen Klassen, ihre Machtressourcen, Einkommensverhältnisse und etwaige Milieu-Mentalitäten. Die Suche nach der Struktur dient gemeinhin der abgeleiteten Subjektivierung der Klasseninteressen. Wie allerdings ökonomische Beziehungen zum rationalen Bewusstsein im Verhältnis stehen, wird oft ignoriert, missachtet oder mit einem sehr holzschnittartigen Menschenbild übergangen. Dann erscheint das Proletariat nicht nur als Weltgeist im Sinne Hegels, sondern auch als alleiniger Anwalt für Gerechtigkeitsfragen. „Diese angeborenen Defekte der Theorie könnten dazu beitragen, zu erklären, warum heutige Klassenanalysen sich so verbissen auf die Analyse der Klassenstrukturen konzentrieren und das Feld des Klassenhandelns meiden.“[1]

Das Verhältnis von Klassenstruktur und Klassenhandeln und dessen geschichtsphilosophische Interpretation ist in der marxistischen Theoriedebatte nach wie vor die Achillesferse ihrer politischen Plausibilität.[2] Inwieweit Elend und Armut zu Aufbegehren führen, ist ebenso wenig nachzuweisen und verallgemeinerbar wie die Frage der Interessengleichheit aus gleichen ökonomischen Bedingungen. Das „nicht-identische Subjekt“ Arbeiterbewegung hat immer sein Selbstverständnis aus seiner kulturellen Entwick-

1 Lockwood 2011, S. 82

2 Lockwood 2011

lung in der bürgerlichen Gesellschaft gebildet.[3] Daraus entsprang Stolz und kollektive Identität als Voraussetzung für eine gemeinsame Interessenpolitik, die ihre Parteien und Gewerkschaften zu politisch-wirkmächtigen Organisationen entwickelten. Elend und Armut waren nicht ihre Triebkräfte, wie es häufig konstatiert wird – auch wenn die Überwindung von Elend und Armut immer primäre politische Ziele waren. Es war der Kampf um Würde, Gerechtigkeit und Selbstermächtigung[4] aus dem sich ihre Milieus und ihr kulturelles Kapital bildete.

Klassenindividuen entwickeln in ihrer Abhängigkeit ein Selbstbild, das vom Berufsethos und der Solidarität in der Gemeinschaft geprägt ist, womit sie der autoritären, betrieblichen Tendenz der Entwürdigung und Demütigung entgegentreten können.[5] Verhärtet sich die autoritäre Tendenz in Krisenzeiten, greift zumeist ein massives Ungerechtigkeitsbewusstsein um sich – doch selbst dann neigen Klassenindividuen eher zum Aufbegehren im *Status Quo* als zur Abschaffung desselben. Die heutigen Debatten über Klassenpolitik sollten deshalb vorerst das (ir)rationale Bewusstsein, die materielle Rolle im lokalen Herrschaftsverhältnis und die fehlenden Referenzen an kollektive Identitäten erfassen. Didier Eribons Bestseller „Rückkehr nach Reims" und die nachfolgende Rezeption und Debatte haben diese Defizite der Klassentheorie und der Klassenpolitik mehr als deutlich gemacht.[6] Der von ihm beschriebenen „verlorenen Klasse"[7] mangelt es an gesellschaftlich anerkannter kollektiver Identität, aus der gemeinsame Interessen resultieren könnten. Ihre oft reaktionäre Haltung offenbart ihre Referenz an die herrschenden Verhältnisse. Denn diese „verlorenen Klassen" können nur Klassencharakter entfalten, solange die herrschenden Klassen sich zu ihr in unmittelbarer Beziehung setzen. Wenn die herrschenden Klassen sie mit Gleichgültigkeit und im Bewusstsein

---

3 Eiden-Offe 2020

4 „Würde und Selbstermächtigung" spielen nach wie vor im Bewusstsein abhängiger Klassen eine maßgebliche Rolle, vgl. hierzu Tullius/Wolf 2016

5 Lindemann 2020

6 Eribon 2016

7 Thien 2010

ihrer unangefochtenen Stellung im Fortschritt des globalen Kapitalismus ignorieren, wirken sie verloren.

In der fragmentierten Klassenstruktur des Neoliberalismus besitzt die Klasse als Kollektiv keine annähernd homogene Identität mehr, die ihre Organisierung und interessenpolitische Artikulation einfach machen würde. Nur mit einem solidarischen Grundverständnis kollektiver Widerspenstigkeit könnte sie diese Identität gegen die herrschenden Klassen entwickeln. Eine plausible Bestimmung der politischen Möglichkeiten der Widerspenstigkeit bieten die Machtressourcenansätze.[8]

Die Ausgangslage einer widerspenstigen Politik ist jedoch nicht gut, denn die herrschenden Klassen haben im Neoliberalismus das „Recht zum Streiken erlangt", wie es Wolfgang Streeck auf der Jenaer Konferenz „Great Transformation" 2019 treffend formulierte.[9] Sie können Klassenbeziehungen aufkündigen und Tarifauseinandersetzungen institutionell schwächen.[10] Das beeinträchtigt nicht nur die Gewerkschaften, sondern die Klasse „an sich", denn erst durch die unmittelbare Praxis der herrschenden Klassen – ob im Konflikt um Beuteanteile, Komplizenschaft und Schutz vor Arbeitslosigkeit und Existenznot – geben sie den Beherrschten eine Identität. Also determinieren erst recht im Neoliberalismus nur die herrschenden Klassen die Klassenverhältnisse entsprechend der Kritik von Horkheimer an Marx. Aber, es besteht in allen abhängigen Klassen gegenüber dem Kapital ein rationaler Gerechtigkeitsanspruch, der ideologisch und materiell beeinflusst oder abgeschwächt werden kann.

> „Viel stärker als die ideologische Positionierung im politischen Raum (z.B. als links oder rechts) oder die kulturelle Abgrenzung auf der Basis milieuspezifischer Lebensstile (z.B. als bodenständig und traditionell) stehen die defensive Markierung moralischer Ökonomien von Leistung, Reziprozität und Anerkennung sowie die tiefe Skepsis gegen das Handeln der 'höheren Leute' im Zentrum der Arbeiterkritik."[11]

---

8 Fröhler/Fehmel 2020, Dörre 2020

9 Unter: https://www.great-transformation.uni-jena.de/programm/formate/podiumsdiskussionen; abgerufen am 19.05.2021

10 Hierfür hat der deutsche Arbeitgeberverband extra eine Mitgliedschaft ohne Tarifbindung eingeführt.

11 Beck/Westhäuser 2022, S. 310

Die Studien zur „moralischen Ökonomie" konstatieren diesen Gerechtigkeitsanspruch in allen historischen, abhängigen Klassen.[12] Sie gehen davon aus, dass Ungerechtigkeit nicht allein objektiv messbar ist, vielmehr aus einem moralischen Referenzrahmen resultiert, der auch in die Korruptionsforschung Einzug gehalten hat. Barrington Moore spricht vom „impliziten oder ungeschriebenen Gesellschaftsvertrags"[13], der von den herrschenden Klassen gebrochen werden kann, wenn z.B. Beuteanteile vorenthalten werden. Für Moore ist klar, dass daraus nicht zwangsläufig emanzipative Interessen resultieren, sozusagen als Überwindung der ungerechten Verhältnisse, sondern viel häufiger irrationale Vergeltungsansprüche, also rechte Reaktionen. In der zeitgenössischen Kapitalismusanalyse werden diese moralischen Kategorien wieder häufiger verwendet.

> „Wenn es keinen Zweifel daran gibt, dass kapitalistische Gesellschaften ressentimental strukturiert sind, so liegt dies an der Art und Weise, wie die Verschränkung von Partizipationsversprechen und Produktionsverhältnissen eine affektive Interpretation von Machtverhältnissen, die Wahrnehmung von Divergenzen und Konkurrenzen und somit die Wirksamkeit von Vergleichsmechanismen ermöglichen und dirigieren."[14]

Das „Ressentiment" resultiert aus gebrochenen Versprechen und basiert auf den Bedingungen der neoliberalen Meritokratie. Es ist das vage Leistungs- und Aufstiegsversprechen, das zur Abwehr von kollektiven Ansprüchen die beherrschten Klassen spaltet. Damit begünstigt die Meritokratie die autonome Stellung der Rackets. Das ist keine im Geheimen gestrickte Verschwörung, sondern resultiert aus der Rationalität des Herrschaftsverhältnisses.

Nicht erfüllte Gerechtigkeitsansprüche sind immer Krisen-Indikatoren der erstarrten, undynamischen Rackets und ein Zeichen ihrer Transformation. Mit der Aufkündigung des „implizi-

12 Scott 1976, Thompson 1980

13 Damit sind gemeint: „die ungeschriebenen Regeln gegenseitiger Verpflichtungen, die in von Herrschaftsverhältnissen geprägten Gesellschaften aus sozialen Auseinandersetzungen hervorgehen und von den herrschenden und den untergeordneten Klassen und Schichten gleichermaßen (wenn auch nicht konfliktfrei) für eine gewisse Zeit respektiert werden" (Kronauer 2020, S. 145).

14 Vogl 2021, S. 164

ten Gesellschaftsvertrags" müssen sich Rackets neu organisieren und neue Möglichkeiten der Ausbeutung identifizieren. Dann folgt die soziale Krise als Moment, in dem Gerechtigkeitsversprechen – also Beuteanteile – in Frage stehen. Oft neigt die herrschende Klasse auf nationaler Ebene auch zu *Deals* und Kompromissen, die ihre Privilegien zumindest temporär sichern. 1831 mussten die herrschenden Klassen Englands den Gerechtigkeitsansprüchen der Bevölkerung nachgeben. Hegel hat die „englische Reform-Bill" in seiner letzten Schrift entsprechend kommentiert: „Die, welche die Bill eingebracht, konnten sich nur darauf verlassen, daß nunmehr gegen die Hartnäckigkeit der Privilegien das Gefühl der Gerechtigkeit in denen selbst mächtig geworden, welche ihren Vortheil in jenen Bevorrechtigungen haben (...)."[15]

Die herrschenden Klassen mit ihren Rackets stehen permanent mit den Gerechtigkeitsansprüchen der gesellschaftlichen Klassen in Verbindung, um Anerkennung sicherzustellen und sich neu zu organisieren. Im materiellen Klassenverhältnis basiert der „implizite Gesellschaftsvertrag" auf dem antiken Motto „Teile und Herrsche". Bricht dieses empfundene Vertragsverhältnis, entsteht Empörung und Widerspenstigkeit und weder Wahrheit noch Werte zählen. Dann werden die uneingelösten Gerechtigkeitsversprechen als Betrug empfunden. Eine autoritäre Reaktion (Rechtspopulismus) oder eine Revolution (wenn ein überzeugendes Alternativprojekt vorhanden ist) können die Folgen sein.[16] Die autoritäre Reaktion ist zumindest den herrschenden Klassen oftmals lieber, weil sie den Erhalt ihrer Privilegien eher garantiert als die Umwälzung der sozialen Verhältnisse. Gewiss können selbst die herrschenden Klassen solche Prozesse nicht vollends lenken, aber sie können sie beeinflussen, fördern und begünstigen.

Das Gerechtigkeitsempfinden besitzt ebenso wie Vertrauen, Rechtschaffenheit und Verantwortung eine Ambivalenz, die sich aus realen und imaginierten, sozialen Beziehungen und den ihnen zugrunde liegenden Praxen ergeben. Sie bedingen das Wahlverhalten, in dem sich gebrochenes Vertrauen zu Parteien,

---

15 Hegel 1958, S. 474

16 Moore 1987

imaginierte Beziehungen zu Persönlichkeiten der Politik und Identifikationen mit Milieus niederschlagen. Herrschende Praxis ist immer in diesem reziproken, sozialen (Vertrags-)Verhältnis der Versprechen und Erwartungen eingebettet. Sie impliziert eine normative Flexibilität der Gerechtigkeit, von dessen Inhalten das Verhältnis weniger beeinträchtigt ist als vom Gefühl und Ressentiment.

Das abstrakte Kapitalverhältnis bekommt darüber vermittelnde Instanzen, über die sich erst beide Seiten – Arbeit und Kapital – bilden. Denn die Ausgangsbedingungen beider Seiten stehen in einem widersprüchlichen Verhältnis zueinander. Das Kapital strebt aus Profitinteresse nach freier Ausbeutung, nach Lohndrückerei, nach Sklavenherrschaft. Während Arbeit stets selbstbestimmt sein will. „Die Widerspenstigkeit der Arbeitskraft ist also die Achse, um die sich die Bestimmung des Kapitals als Kapital dreht."[17]

Es muss die Widerspenstigkeit der Arbeitenden zur Unterwerfung verkehren, zur vorbehaltlosen Anerkennung durch die Korruption des Beuteanteils. Widerspenstigkeit entspringt nicht nur dem betrügerischen Kapitalverhältnis, sondern vielmehr der individuellen Entwürdigung durch Unterwerfung. Sie ist subversiv und zeigt sich in individuellen Sabotageaktionen und kann schnell kollektive Formen annehmen, wie zum Beispiel in den Initiativen zum „blauen Montag". Widerspenstigkeit resultiert aus Kontrollverlust, Demütigung und Betrug und richtet sich eigentlich gegen die unternehmerische Autorität, wird aber oft auf andere, unbeteiligte Gruppen gelenkt.

Im abstrakten Sinne wollen Arbeit und Kapital immer dem Kaptalverhältnis entfliehen. Sie sehnen sich nach einer Freiheit, die unterschiedlicher kaum sein kann.[18] Die herrschenden Klassen sehnen sich nach bedingungsloser Freiheit vor Ansprüchen aus dem Betrieb oder der Politik. Sie streben nach ausbleibendem Widerspruch und bedingungsloser, unternehmerischer Souveränität. Wir kennen diese Haltung vom „Herr im Haus-Standpunkt". Die abhängigen Klassen sehnen sich nach mate-

---

17 Holloway 1997, S. 106

18 Holloway 1997, S. 105

rieller Sicherheit, Freiheit vor sozialer Not und der Erfüllung ihrer jeweiligen Gerechtigkeitsansprüche. Sie wollen Respekt und Mitsprache in einer solidarischen Gemeinschaft und keine ressentimentgeladenen Vorwürfe (Faulheit, Müßiggang etc.) durch den Unternehmer.

Die beiden abstrakten Seiten des Kapitalverhältnisses sind keine Wesen oder Subjekte mit klar identifizierbaren Eigenschaften. Sie ergeben sich aus der herrschenden Praxis, die dem Kapitalverhältnis entspringt. Die Unterwerfung ist immer der Preis für das Gerechtigkeitsversprechen in der Beutegemeinschaft. Es ist ein reziprokes Verhältnis und besitzt viele Analogien zum „Herr-Knecht-Verhältnis“ aus Hegels „Phänomenologie des Geistes“.[19] Dort ist das Herrschaftsverhältnis immer „ein einseitiges und ungleiches Anerkennen …“[20], denn es beruht auf dem legitimierten Privileg der Herrschenden und ist damit ein reziprokes Anerkennungsverhältnis: „Ohne den Begriff der Reziprozität oder besser, der gegenseitigen Verpflichtung – ein Terminus, der *keine* Gleichheit der Lasten oder Verpflichtungen impliziert –, wird es unmöglich, die menschliche Gesellschaft anders denn als eine unablässige Folge von Gewalt und Betrug zu interpretieren.“[21]

Auch der Staat ist abstrakter Adressat für allgemeine Gerechtigkeitsansprüche. Er soll im Sinne der hegelschen „Sittlichkeit“ ausgleichend und unparteiisch sein. Schlägt er sich zu einseitig und dogmatisch auf die Seite der Kapitalinteressen, wird er als „Klassenstaat“ wahrgenommen. Dann kommt er seinen gerechtigkeitspolitischen „Verpflichtungen“ nicht mehr nach, die sich in politischen Regulationen manifestieren und damit auch Ansprüche von Beutegemeinschaften sichern und schützen.

Horkheimer deutet Beutegemeinschaften in seinen Racketausführungen nur an. Häufig ist von „gemeinsamer Beute“ oder „Beuteanteil“ die Rede. Ohne eine Konkretisierung der Beutegemeinschaften kommt aber der Racketbegriff als Erweiterung der Klassentheorie nicht aus. Er würde sonst als gesellschaftsferner Elitebegriff in einer dumpfen Verschwörungstheorie verküm-

19 Hegel 1987, S. 140 ff.

20 Hegel 1987, S. 146

21 Moore 1987, S. 666

mern. Rackets können ohne Legitimation und Anerkennung nicht existieren. Auch wenn sie inzwischen im globalen Oligarchenkapitalismus *enge* Beutegemeinschaften in der herrschenden Klasse bilden können, ist immer ein Bezug auf soziale Verhältnisse erkennbar. Dieser soziale Bezug schlägt sich auch in der internationalen Arbeitsteilung nieder, d.h. die ausgebeuteten Klassen existieren zuweilen in den prekarisierten Objekträumen der globalen Peripherie. Hier sind die ausgebeuteten Klassen selten auch Beutegemeinschaften. Sie brauchen nicht Komplizen sein, um ausgebeutet zu werden. Genaugenommen sind Beutegemeinschaften in den Metropolen sich selbst-demobilisierende Klassen. Sie sind korrumpiert durch Aufstiegsversprechen, individuelle Leistungsideologie, soziale Sicherheit und Beuteanteil.

Der historische Idealtypus einer Beutegemeinschaft mit unmittelbaren Racketbezug ist das Piratenschiff.[22] Es ist durchsetzt von sozialen Hierarchien der Ränge und Aufgaben, die allein aufgrund des Beuteanteils von den Mannschaften anerkannt werden. Im Falle des Betrugs werden die Beuteanteile durch Meuterei erzwungen. Die Offiziersriege samt Kapitän bildet die Verbindung zum Racket der Auftraggeber (meist Könige oder andere Piratenführer), in dem die Souveränität und die Surplusabgabe geregelt sind – sozusagen als *State organized crime*. Piratenrackets können sich auch autonom entwickeln, ihr Geschäftsfeld legalisieren und somit von der formalen Souveränität geduldet werden. Das führte beispielsweise zum Aufbau der ostindischen Gesellschaften im Vereinigten Königreich und den Niederlanden im 17. und 18. Jahrhundert.[23]

Eine weitere, viel stärker von äußeren Klassenverhältnissen beeinflusste *Urform* der vom Racket beherrschten Beutegemeinschaft ist der autoritär geführte Re-Produktionsort: der Gutshof, die Manufaktur, oder die neuzeitliche Betriebsgemeinschaft mit ihrer „Privatregierung“.[24] Sowohl auf dem Piratenschiff und dem Gutshof, als auch im Betrieb wird das Racket häufig von einer autoritären Vaterfigur geführt – dem Kapitän, Chef oder

22 Vgl. Schulte-Bockholt 2006, S. 178

23 Marx 1972

24 Anderson 2019

Gutsherrn analog zum *Padre* in kriminellen Vereinigungen. Die Beutegemeinschaft verinnerlicht seine Versprechen. Bricht er sie, folgen Meuterei, Aufstand und Rebellion. Schon der frühe Herrschaftskritiker Etienne de la Boetie hat zu Beginn des 16. Jahrhunderts über *Urformen* dieser Beutegemeinschaften geschrieben:

> „Diese scharen sich um den Despoten und stützen ihn, denn sie wollen ihren Anteil an der Beute haben und außerdem zu dem großen Tyrannen die kleinen Tyrannen spielen. Nach diesem Rezept verfahren ja auch die Räuberbanden: Die einen durchstreifen das Land, die anderen hängen sich an die Reisenden; die einen lauern im Hintergrund, die anderen stehen Schmiere; die einen morden, die anderen schleppen die Beute weg."[25]

Beutegemeinschaften, ob kriminell, informell oder legal, stabilisieren die Praxis der Rackets über Komplizenschaft. Es ist der *Deal*: Anerkennung durch Beuteanteil, analog zum Prinzip „Schutz gegen Gehorsam". Eigentlich konstituiert diese Komplizenschaft erst die herrschende Klasse über die vertraglich fixierte Bändigung der Widerspenstigkeit. Genau daraus ergibt sich das Emanzipationsproblem, das in den klassentheoretischen „Vorarbeiten" der Frankfurter Schule diskutiert wurde. Herrschaft wird anerkannt, weil an ihr materiell partizipiert wird. Das erscheint den Ausgebeuteten rationaler, weil die *Transaktionskosten* einer Rebellion – erst recht in Bezug auf deren fragwürdigen Erfolg – höher erscheinen als Unterordnung und bedingte Partizipation an der Beute. Wenn allerdings das Beutesystem gänzlich zusammenbricht, kann die Reaktion seiner Gemeinschaft maßlos werden. Ähnlich verhält es sich in den *engen* Beutesystemen, wenn Loyalitäten in Korruptionsprozessen gebrochen werden. Das nun beschädigte Bewusstsein der betrogenen Beutegemeinschaft sucht sich schuldige, ehemalige Komplizen.

Die Beutegemeinschaft verdeckt ihren allgemeinen, gesellschaftlichen Wert in der Arbeitsteilung durch ihre Komplizenschaft mit den herrschenden Klassen. Sie ist das besondere Verbindungselement zu den herrschenden Klassen. Dabei hat sie die Prinzipien der autoritären Staatlichkeit nicht überwunden,

25 De la Boetie 1968, S. 58

die sich stets in der Urform der illegalen Rackets wiederfinden. Beutegemeinschaften können sich in allen reproduktiven Organisationsformen bilden, ob in Betrieben, Behörden, Finanzinstituten, über Marktabhängigkeiten von Freiberuflern oder als Soldat und Mafiosi. Der wohl widersprüchlichste Ausdruck einer Beutegemeinschaft kommt in der Gewerkschaftspolitik zum Tragen. Sie vermittelt zwischen dem gesellschaftspolitischen Klasseninteresse und dem tarifpolitischen, unmittelbaren Interesse am Beuteanteil.

Die Gewerkschaftspolitik des „Beuteanteils" neigt zur Komplizenschaft, die über institutionelle Erfolge der Mitbestimmungspolitik, zum Beispiel in der paritätischen Besetzung von Aufsichtsräten möglich wird. Dadurch wurden zwar fundamentale Verbesserungen für die Gewerkschaftsmitglieder im Arbeitsalltag erkämpft, aber zugleich auch das Kapitalverhältnis und die Veto-Macht der Eigentümer in all seinen Freiheiten anerkannt und verdeckt. Trotzdem können Gewerkschaftsbürokratien eigenständig nur Racket-Imitationen bilden, entgegen den kontroversen Einschätzungen von Horkheimer, die Neumann aus materialistischer Sicht zu Recht kritisierte.[26] *Big Labor* war lediglich Treiber und Imitat der herrschenden Klassen, wie es bei kriminellen Banden der Fall ist, die immer anerkanntem Reichtum zustreben.[27] Weder besitzen Gewerkschaften, noch kriminelle Banden die permanente Initiative. Sie schränken lediglich die Souveränität der herrschenden Klassen ein. Gewerkschaften bleiben auf Klasseninteressen bezogen, müssen Widerspenstigkeit organisieren und stärken damit ihre Legitimation im republikanisch, institutionalisierten Klassenkompromiss. Trotz Co-Management, Komplizenschaft oder Korruption können Gewerkschafter nie Bestandteil der herrschenden Klassen werden.

Die Rackets der herrschenden Klasse gönnen den Gewerkschaften ihr „Zugehörigkeitsgefühl", denn es steigert ihre eigenen Handlungsspielräume. Sie wollen widerspenstige Klasseninteressen nivellieren und Beutegemeinschaften stärken. Deshalb

---

26 Lindemann 2000

27 Eigentlich können unter kapitalistischer Privatregierung Betriebsräte ebenso wenig Chef werden, wie Klassensprecher Lehrer.

werden sie gerne beteiligt und in Mitbestimmungsgremien eingebunden, erst recht, wenn die Veto-Position der Arbeitgeber gewährleistet bleibt. Deshalb fordern einige Kommentatoren ein grundsätzliches Überdenken der Mitbestimmungsgesetze, weil sie zur „Kumpanei" und damit zur Verharmlosung des Kapitalverhältnisses beitragen.[28]

Komplizenschaften und Beutegemeinschaften dämpfen Klassenkonflikte im Sinne der herrschenden Klassen, aber nivellieren nicht das Kapitalverhältnis. Es kann jederzeit mit eindeutigen Klasseninteressen politisiert werden. Der Neoliberalismus impliziert deshalb eine besondere Strategie: die Diskursverschiebung des Politischen. Betriebsräte und Gewerkschaften agieren zunehmend entpolitisiert und schaffen es nicht mehr fragmentierte Belegschaften untereinander zu solidarisieren. Die „mangelnde betriebliche Integration der Belegschaften"[29] erschwert die Bildung von einheitlichen Beutegemeinschaften. Viele Beschäftigtengruppen arbeiten nicht nur unter verschiedenem Status (z.B. Selbstständige), sondern auch mit unterschiedlicher Entlohnung (z.B. Leiharbeit) in *einem* Produktionsprozess zusammen. Daraus bilden sich nicht nur verschiedene Ansprüche an die Betriebsgemeinschaften, sondern auch unterschiedliche Solidaritätsmuster und Beziehungen zum Management und somit unterschiedliche Erwartungen an die jeweilige Beutegemeinschaft. Einige dieser Gruppen haben auf unterschiedliche Art und Weise den permanenten Krisenmodus „neoliberaler Verbetrieblichung" verinnerlicht.[30] Oft fühlen sie sich vom Schicksal gelenkt, das sich spätestens bei der nächsten Übernahme durch einen Private-Equity-Fonds bewahrheitet, wenn sie mit den komplexen Einbettungen der herrschenden Klassen und ihrer Praxis konfrontiert werden. Das soziale Klassenbewusstsein der Beschäftigten ist im Kapitalverhältnis immer ambivalent. Es integriert herrschende Dogmen und impliziert stets Widerspenstigkeit. „Die Beschäftigten halten an Leistungsgerechtigkeit und am Leistungsprinzip grundsätzlich fest. Zwar werden vielfältige Verletzungen dieses

28 Hensche 2018, S. 1052-1079

29 Lindemann 2020, S. 375

30 Sauer/Detje 2020

Anspruchs registriert und am eigenen Leib erfahren, dies alles führt aber nicht dazu, dass dieser *moralische Anspruch* aufgegeben wird."[31]

Laut Tullius und Wolf (2016) ist moderne Arbeitsmoral eine widersprüchliche Verbindung von verschiedenen, unterschiedlich gewichteten „Anspruchsmustern" wie: Leistungsgerechtigkeit, Würde, Fürsorge, Selbstverwirklichung, Beteiligung und Rationalität – wobei Leistungsgerechtigkeit und Beteiligung, also Beuteanteil und Komplizenschaft dominant sind. Diese Anspruchsmuster artikulieren sich im Arbeitskampf. Die Beteiligungsansprüche werden von den Lohnabhängigen aber keineswegs über einen Vergleich mit dem „Beuteanteil" der Kapitalseite definiert, vielmehr vergleichen sie sich mit besser- oder schlechter gestellten Beschäftigtengruppen, wie den „Prekären" nach unten und den „Angestellten" nach oben. Es ist ein Blick in andere Beutegemeinschaften und nicht ins Racket. Dabei kommen durchaus schon Gewissensfragen der Solidarität mit den „Unteren" und subtile Konkurrenzgefühle mit den „Oberen" zur Geltung.[32] Das Anspruchsmuster der „Leistungsorientierung" ist keinesfalls ein Resultat neoliberaler Ideologie. Es bestand in ähnlicher Priorisierung schon in Beschäftigtenbefragungen zum Ende der siebziger Jahre und wurde von den Gewerkschaften im „selektiven, korporatistischen Block" in Bezug auf die Weltmarktfähigkeit vertreten.[33]

Keine tariffähige Gewerkschaft mit Zukunftsperspektiven tendiert zu neoliberaler Politik, noch zu Betriebsgewerkschaften. Die Gewerkschaftspolitik der letzten Jahrzehnte hat aber häufig aus einer Abwehrhaltung gegen den neoliberalen Anti-Kollektivismus Zugeständnisse der mikropolitischen Verbetrieblichung gemacht. Neben der Beeinträchtigung von Flächentarifverträgen in Deutschland durch das *Pforzheimer Abkommen*, ist eine Tendenz der Tarifsozialpolitik zu erkennen, die sozialstaatliche Aufgaben in die betriebliche Beutegemeinschaft überträgt.[34] Auch

31 Tullius/Wolf 2016, S. 496

32 Wolf 2017, S. 230

33 Esser 1982

34 Fröhler/Fehmel 2020, S. 389 ff.

dieses Indiz neoliberaler Para-Staatlichkeit zementiert betriebliche Komplizenschaften unter der Dominanz der Kapitalseite. Auch Grundeigenschaften der deutschen Gewerkschaftspolitik im Kontext der Tarifautonomie haben neoliberale Politikmuster begünstigt. Zum Beispiel wirkt die prinzipielle Staatsaversion der Industriegewerkschaften in Zeiten der schwachen Nationalstaaten im globalisierten Kapitalismus zahnlos, wenn selbst die Konzernspitzen keine ernstzunehmenden Referenzpunkte mehr in der nationalen Politik sehen. Was früher aus dem Selbstverständnis resultierte, dass der Staat Klassenstaat ist, fördert heute die neoliberalen, parzellierten Racketstrukturen (z.B. auf den Finanzmärkten), in denen sich der Klassenstaat ohne gewerkschaftlichen Einfluss austobt und die Verbetrieblichung sozialstaatlicher Prinzipien vorantreibt. Die gegenwärtige Verbetrieblichung der Gewerkschaftspolitik begünstigt mikropolitische Strategien der solidarischen Abschottung, die von den herrschenden Klassen wohlwollend zur Kenntnis genommen werden.

Solidarische Gewerkschaftspolitik befindet sich immer im offenen Feld zwischen Klassenpolitik und einer Politik für Beutegemeinschaften. Sie muss die klassenpolitische Einflusslogik mit der auf Beutegemeinschaften zielenden Mitgliederlogik vereinbaren. Das schafft sie in der Regel über eine universelle Politik der Solidarität, die sich auch in den Institutionen des Sozialstaates verankern sollte. In Zeiten des Neoliberalismus, wo Kollektive verpönt sind und mitgliederorientierte Klassenpolitik an der entpolitisierten Basis kaum Integrationserfolge feiert, tendiert die Lohnverhandlung zum *business* der Beutegemeinschaften. Einem *business*, das zu Labor-Rackets wie im *New Deal* mutieren kann.

> „Mag es einen Unterschied der Methoden zwischen ›haves‹ und ›have-nots‹, zwischen denen, die rechtzeitig, und denen, die zu spät gekommen sind, zwischen ›unbescholtenen Bürgern‹ und ›racketeers‹ auch geben – es gibt keinen Unterschied in ihren Zielen; sie sind vielmehr genau dieselben: Errichtung von Herrschaft über einen Bereich des Reproduktionsprozesses oder der Güterverteilung.“[35]

35 Kirchheimer 1964, S. 79

Ohne gesellschaftspolitische Abgrenzung verfangen sich die betrieblichen Beutegemeinschaften in der falschen, ideologischen Botschaft, man säße zusammen in einem Boot. Das wird spätestens daran deutlich, dass Beutegemeinschaften in einer dialektischen Beziehung zur herrschenden Klasse stehen, denn sie sind immer zugleich die ausgebeutete Gemeinschaft.

Die stabilsten Beutegemeinschaften existieren in Konzernen, die ihren Beschäftigten *Boni* auszahlen, wenn die privilegierten Komplizen im Aufsichts- oder Verwaltungsrat es ebenso tun. Hier wird ein Gruppen-Egoismus ersichtlich, der Belegschaften spalten kann und solidarische Aktionen einschränkt. Der neoliberale *Baukasten* konstruiert derartige *Ego-Strategien* zur Schwächung kollektiver Solidarität. Die Theorie von Mancur Olson empfiehlt beispielsweise das Trittbrettfahren (*Free-Riding*) bei Tarifabschlüssen. Mit dieser unsolidarischen Strategie soll die Organisationsmacht der Gewerkschaften weiter geschwächt werden über die moralische Etablierung egozentrischer Werte.[36] Wenn der unmittelbare Klassenbezug der Beutegemeinschaften fragil wird, stärkt das die Selbstreferentialität der herrschenden Klasse, die sich dann in arroganter Abgehobenheit zuspitzt.[37]

Die gegenwärtig effektivste, politisch-ideologische Komplizenschaft besteht zwischen Rackets und der politisch adressierten Mittelschicht.[38] Der amorphe *Mythos Mitte* beeinträchtigt die gesellschaftspolitische Strategiefähigkeit der Gewerkschaften, da mit ihm keine kollektive Identität als Grundlage einer wirkungsvollen Klassenpolitik ausgebildet werden kann. Der *Mythos Mitte* ist eine Ideologie des Kapitals zur Gewährleistung von Komplizenschaften in etablierten Beutegemeinschaften und zur Unterdrückung von Klasseninteressen. Die korporatistischen Verhandlungsregime im Fordismus waren zwar schon vom Gedanken einer „nivellierten Mittelstandsgesellschaft" beeinflusst, bewahrten aber annähernd ihren gesellschaftspolitisch identitären Platz im Kapitalverhältnis. Die Komplizenschaft der herrschenden Klassen mit der Mittelschicht verspricht die

36 Aldred 2020, S. 162 ff.

37 Hartmann 2018

38 Kadritzke 2017

„Partizipation an der Beute der Großen" und schafft dadurch Loyalität, wenn Beherrschte sich durch „eine Beziehung der hingenommenen Komplizenschaft verbunden"[39] mit den herrschenden Verhältnissen fühlen.

> „Der entscheidende *ökonomische* Einwand gegen jeden ernsthaften Versuch, Ungleichheit zu reduzieren, könnte wesentlich fundamentaler und pragmatischer sein. Es gibt eine große und politisch einflussreiche Gruppe – nennen wir sie die ›wohlhabende Mittelschicht‹ –, deren Mitglieder deutlich reicher sind, aber ärmer als die oberen ein Prozent. Sie haben das unbestimmte Gefühl, durch die Zunahme von Ungleichheit in jüngerer Vergangenheit etwas verloren zu haben (und wie wir gesehen haben, ist dieses Gefühl durchaus berechtigt), und ein wesentlich deutlicheres und stärkeres Gefühl, dass sie durch Steuererhöhungen und andere politische Umverteilungsmaßnahmen definitiv schlechter gestellt würden. Aber damit liegen sie falsch."[40]

Die Komplizenschaft mit der „Mittelschicht" mildert Potenziale des Klassenkonflikts ab, denn sie ist nicht allein durch materielle Begünstigungen korrumpiert. Ihre Mitglieder genießen als vermeintliche Mehrheit materielle Privilegien, Sonderrechte, ideologisches Prestige und Ansehen. Sie sind die primären Komplizen der „abgehobenen Eliten" und passen sich entsprechend den hegemonialen, moralischen Imperativen an. Die Beutegemeinschaften der „Mittelschichten" beschreiben das *alte* Problem der apolitischen kleinbürgerlichen Klassen. Badiou[41] bezeichnet sie deshalb als „Kleinprivilegierte". Wie auch das Racket, verteidigt die „Mitte" materielle Privilegien gegen die „Draußen" – was sowohl intellektuelle Kritiker und Reformer sein können als auch der einkommensschwache „Rest" aus Migrantinnen, Niedriglöhnern, Leiharbeitern oder Arbeitslosen.

Die sich häufig selbsternannten Mitglieder der Mittelschicht betreiben eine „exklusive Solidarität", die sie mit denselben Leistungsideologien und archaischen Legitimationen (Recht des Stärkeren) von den „gefährlichen Klassen" abgrenzt, mit denen sich die herrschenden Klassen von ihnen abgrenzen. In ihrer

---

39 Bourdieu 1992

40 Aldred 2020, S. 366

41 Badiou 2016, S. 42

vom Racket dominierten, angepassten, politischen Haltung spielt „inklusive Solidarität" nur eine marginale, wenn nicht sogar irrationale Rolle, die sich ebenso wie die Politik der herrschenden Klassen in populären *Charity*-Aktionen niederschlägt.

> „Der Unterschied von Ausbeutern und Ausgebeuteten tritt nicht so in Erscheinung, daß er den Ausgebeuteten Solidarität als ihre ultima ratio vor Augen stellte: Konformität ist ihnen rationaler. Die Zugehörigkeit zur gleichen Klasse setzt längst nicht in Gleichheit des Interesses und der Aktion sich um."[42]

Beutegemeinschaften sind Ausdruck dieser Konformität, mit der sie die von den herrschenden Klassen gewollte Klassenspaltung vorantreiben. Sie sind die erste, archaische Natur der Klassen und werden von den Rackets mit Narrativen des Standortes, Volks, und der *Corporate Identity* adressiert. Die Beutegemeinschaften der Mittelschicht sind der beste Garant für die Stabilität der herrschenden Verhältnisse – der Herrschaft der Rackets. Sie agieren häufig als vermittelnde Instanz zwischen herrschenden Rackets und dem *Rest*.

> „Der beste Partner aus Sicht der Reichen ist die Mittelschicht. Deshalb wird für deren Wohlstand viel getan, ihre Vermögensbildung wird staatlich subventioniert, in Deutschland zuletzt mit der Eigenheimzulage. Das geht schon lange so. Bismarck hat 1883 die Sozialversicherung eingeführt, um die Mittelschicht auf seine Seite zu ziehen und die damals starken Sozialisten und ihre radikalen Umverteilungspläne auszubremsen. So läuft das bis heute: Umverteilt wird von den Reichen eher zur Mittelschicht statt zu den ganzen Armen."[43]

Die politische Haltung der etablierten Beutegemeinschaften macht sich auch am Wahlverhalten fest und zeigt widersprüchliche Motive der eigenen Klassenlage. Sie werden als Mittelschicht angesprochen, obwohl sich diese materielle Lage weder aus einem Milieu, einer Einkommensgrenze, noch aus einer Herkunft ableiten lässt. Die Mittelschicht ist ein amorphes Gebilde der selbsternannten Leistungsgesellschaft, ähnlich dem Konstrukt des Volkes. Sie stellt regelmäßig ihre politische Zuverlässigkeit in

42 Adorno 1975a, S. 11

43 Interview mit dem Ökonomen Florian Scheuer, Die Erbschaftssteuer müsste viel beliebter sein; in: *Die Zeit* vom 10. Dezember 2020, No. 52, S. 88

der Abgrenzung zu den vermeintlichen Rändern rechts und links der politischen Farbskala unter Beweis. Die Mittelschicht ist die ideale Beutegemeinschaft, weil sie keinen Klassencharakter besitzen möchte und somit von Rackets besser beherrschbar erscheint. Sie braucht die Arbeitslosen als Reflexionsfolie eigener materieller Ansprüche. Zugleich impliziert die Komplizenschaft zu den Rackets der Metropolen eine quasi-rassistische Abgrenzung in der internationalen Arbeitsteilung, denn Beutegemeinschaften brauchen sogenannte „Dritte", ob in den peripheren Ländern des Südens[44], oder im eigenen Land gegenüber dem „Rest".

Die imaginierte außerbetriebliche Komplizenschaft der Mittelschicht mit der herrschenden Klasse wird auch politisch instrumentalisiert – zum Beispiel, um vermeintliche Klassenschranken in der Beutegemeinschaft zu vertuschen und gesellschaftliche Normen zu überhöhen. Dieser Effekt tritt bei Fragen der Besteuerung von Reichtum zutage, wenn von den „Reichen" sogleich an die Mittelschichten appelliert wird, dass sie doch auch betroffen wären. Andererseits stufen sich die Mittelschichten in der Eigenwahrnehmung stets in der gesellschaftlichen Pyramide höher ein, als sie es eigentlich sind. Sie wollen dazugehören, aufsteigen und für ihre Komplizenschaft mit der Oberschicht werben.

Komplizenschaft ist somit auch ein Mittel zur Stabilisierung der gesamtgesellschaftlichen Beziehung zu Beutegemeinschaften. Treibt die stets von den herrschenden Klassen betriebene gesellschaftliche Spaltung in die Mittelschichten, kann die Komplizenschaft brüchig werden und Betrugsempfinden und Empörung konstruiert sich im politischen Raum. Die Bündnisse der Beutegemeinschaften zwischen Mittelschichten und herrschender Klasse werden dann fragil und können kaum noch über autoritäre Strukturen auf dem Arbeitsmarkt und dem daraus resultierenden Klassismus stabilisiert werden. Wenn die gesellschaftliche Spaltung die Beutegemeinschaften der Mitte erreicht und sie um ihre materielle Stellung fürchten müssen, ist der soziale Frieden durch extreme Reaktionen gefährdet, weil die Mitte sozial amorph ist und keine politischen Alternativen zum nationalen Mythos bestehen. Die verbitterten Abgestiegenen

44 Lessenich 2022, S. 120

imitieren die Komplizenschaft mit den Herrschenden, wobei sich ihre Experimentierfreudigkeit auf den persönlichen Erfahrungsalltag beschränkt. Das führt weitaus eher zur Imitation von Rackets in nepotistischen Netzwerken, die in den Medien häufig als Indiz einer Parallelgesellschaft gebrandmarkt werden. Bei genauerer Betrachtung handelt es sich bei diesen Imitationen weniger um eine Parallelgesellschaft, als um Parallelstaatlichkeit[45], denn der formale Staat hat hier schon längst seine Anerkennung verloren, weil er größtenteils als Instrument der „Demütigung in der Leistungsgesellschaft" empfunden wird.[46]

Die eigentliche Parallelgesellschaft findet in der gehobenen Mittelschicht – den *Gated Communities* – statt, denn die Gut-Situierten brauchen keinen anderen Staat als den regierenden „Neoliberalen", der ihre Stellung legitimiert. Die subalternen Klassen außerhalb der Mittelschicht-Beutegemeinschaften müssen dementgegen alternative Schutzgemeinschaften entwickeln: in der Armutsökonomie der Tafeln, Repaircafes oder den Tauschbörsen. Nicht nur die fragmentierte Klassenstruktur, auch die unterschiedlich konsolidierten Beutegemeinschaften sind Ursache für die fehlende Interessengleichheit der beherrschten Klassen und Ausdruck ihrer Entsolidarisierungen.

Auch wenn Beutegemeinschaften Klassenstrukturen verdecken und neutralisieren, kann die bestehende, gesellschaftliche Ungleichheit ohne Klassenbezug nicht plausibel determiniert werden. Das ist nicht nur aufgrund des Kapitalverhältnisses und der Politik der herrschenden Klassen notwendig, sondern auch, weil der durch Beutegemeinschaften verursachte Widerspruch zwischen sozialen Interessen und herrschender Ideologie stets präsent ist. Schließlich würde sich in purer „Klassenableitung" der Interessen die soziale Benachteiligung im Wahlverhalten und im gesellschaftlichen Bewusstsein zeigen. Dieser Widerspruch kann rein klassentheoretisch nicht hinlänglich aufgelöst werden.[47] Denn er würde suggerieren, dass die Gesellschaft

---

45 Clemens Albrecht 2014: Parallelstaaten, unter: https://blog.soziologie.de/2014/04/parallelstaaten/; abgerufen am 12.10.2020

46 Sandel 2020

47 Dieser Problematik folgte Pierre Bourdieu (1994) in seinen Werken.

absolut verblendet und manipuliert sei. Und selbst in einer unaufgeklärten Gesellschaft der *Verblendung* steckt stets der Widerspruch zwischen dem was gut sein könnte, und dem was einem zugutekommt.

In den heutigen westlichen Gesellschaften scheint *die Klasse* nur geeint von Angst und Hoffnung. Der Angst vor dem sozialen Abstieg, der in neoliberalen Zeiten weitaus präsenter geworden ist und autoritär durch Arbeitsmarktpolitiken begleitet wird, als auch von der ausbleibenden Hoffnung, dass sich in globalisierten Zeiten der Wettbewerb und somit die eigene Arbeitssituation wieder normalisiert oder gar verbessert. In diesen Zeiten bekommt die Politik der Rackets eine eigentümliche Bedeutung, die irrationale, devote Haltungen stärkt.

4. Die Praxis der herrschenden Klassen

Die politische Praxis der herrschenden Klassen besitzt nicht nur im Bewusstsein der abhängigen Klassen ein affirmatives Verständnis, sondern auch in der zeitgenössischen, kritischen Sozialforschung. Dort konzentriert sich das Interesse überwiegend auf das Verhältnis von formalen Staaten und Kapitalinteressen. Dieser Ansatz wird unterstützt von der klassischen, marxistischen Auffassung des Staates als ideellem Gesamtkapitalisten. Dabei gerät die umgekehrte, staatstheoretische Variante in den Hintergrund, inwieweit das Kapital selbst Staatsformen annehmen kann. Denn im Neoliberalismus haben sich die herrschenden Klassen qua ihrer Machtfülle und Abschottung eigene autonome Souveränitätsräume aufbauen können.[1] Stattdessen sind linke, materialistische Herrschaftsanalysen immer noch auf der Suche nach ideologischen und strategischen Zentren der herrschenden Klasse im formalen Staat, die dort kaum noch lokalisierbar sind.

Die Analyse der politischen Praxis der herrschenden Klassen macht die strategischen Räume sichtbarer als die Suche nach Strukturen und Bündnissen. Nichts bietet hierfür mehr Einblicke als Korruptions- und Betrugsskandale, die Steuerparadiese in den *Panama-Paradise-* und *Pandora-Leaks*, Wechsel von der Politik in die Wirtschaft, oder die Bemühungen zur Rechtfertigung exorbitanter sozialer Ungleichheit. Es müssen nicht allein diese Skandale und Indizien sein, auch die offensichtliche Vereinnahmung von Staatsapparaten zu privaten Zwecken offenbart die empirische Evidenz des Racket-Begriffs. Das belegen viele Elitestudien über Lateinamerika, Osteuropa oder Afrika, aber auch die Befunde über *failed States*. Oft werden in diesen Korruptionsstudien Intrigen und Verschwörungen sichtbar, was

1 Anderson 1979

nicht verwunderlich ist, denn die Bedingungen für informelle Herrschaft, Geheimhaltung, Gewalt und Ausbeutung tendieren dazu. Der Racket-Begriff[2] impliziert keinen essentiellen Verschwörungsplan, genauso wie er kein „Generalkartell" beschreibt.[3] Ebenso gibt es auch keinen Generalplan der allseitigen Profitinteressen und auch kein „strategisches Zentrum"[4] der Machtkämpfe. Diese Annahmen besitzen zwar einen plakativen Charakter, werden aber der Dynamik kapitalistischer Herrschaft nicht gerecht. Denn es bestehen diverse Einflusszentren, die sich vergleichen, anpassen, miteinander konkurrieren und oft auch wieder verschwinden. Der Investmentskandal um die deutschen Landesbanken hat den oftmals profanen Charakter einer überstürzten *Mimikry* der beteiligten Akteure offensichtlich gemacht. Strategien der Rackets sind kurzfristig, orientieren sich an Trends und an dem „Möglichen" gegenüber politischen Widerständen. Deshalb kann die Strategie der herrschenden Klassen im Neoliberalismus als ein auf „Sicht fahrendes Durchwursteln" im Wetteifer um neue Werte und Bewertungen bezeichnet werden.

Der neoliberale Kapitalismus hat Staaten und Staatsapparate verändert. Herrschende Klassen sind zwar weiterhin national eingebunden, aber ihre Politik ist nicht mehr auf den Nationalstaat fokussiert, vielmehr auf internationale Organisationen und Staatenbünde. Zugleich dient das neoliberale Mantra der Marktkonkurrenz allein der Entstaatlichung der Politik. In den neuen „proprietären Märkten"[5] spielt freie Konkurrenz nur eine Nebenrolle. Der *Silicon-Valley*-Multi-Millionär Peter Thiel (*Paypal*) hat die Monopolisierungspolitik mit folgendem Spruch entlarvt: „Wettbewerb ist nur etwas für Loser."[6]

---

2 Für Horkheimer ist das Racket lediglich verschworen gegen den Geist.

3 Vgl. Kirchheimer 1964

4 Entgegen Wienold 2011, S. 257

5 Proprietäre Märkte sind Märkte, die sich partiell oder ganz im Eigentum von Anbietern befinden. Diese Eigentumsansprüche können von Plattformen ausgehen und beziehen sich auf Daten von Marktnutzern, Lizenzen, Quellcodes von Programmen, Patenten oder schlichtweg auf eine Monopolstellung durch Marktbereinigung. Vgl. Vogl 2021 und Pfeiffer 2021

6 Eva Ladipa, Warum unser System am Ende ist, in der Welt vom 23. September 2016 unter: https://www.welt.de/debatte/kommentare/article158312261/Warum-unser-System-am-Ende-ist.html; abgerufen am 24.10.2020

Bewertungszeiträume haben sich auf Quartale verkürzt. Die Dominanz von Konzernen und Investoren in den Wertschöpfungsketten hat sich enorm erhöht, wodurch Abhängigkeiten verstärkt wurden und Lohndumping, Bestechung, Sklavenhandel und Umweltverschmutzung begünstigt werden. Großkonzerne werden zu Gemischtwarenläden mit eigenen Banken, Sicherheitsfirmen, Leiharbeitsfirmen, Schürfrechten für Rohstoffe und Infrastruktur. Das neoliberale Unternehmen orientiert sich mehr an den Finanzmärkten und den *Shareholder-Value* als Absatzmärkte in den Blick zu nehmen. Das gilt schon für kleine *Start Ups* als Notwendigkeit. Nur noch das Produkt zählt laut der *Controlling*-Lehrbücher aus den späten achtziger Jahren. Kunden, Beschäftigte und die Effizienz von Maschinen und Anlagen sind nebensächlich.[7]

Aber, vor allem hat sich das Verhältnis zur Politik maßgeblich verändert. Die Wirtschaft beharrt seit Jahren darauf, aus den Regelungsbereichen souveräner Gesetzgebung zu entfliehen. Exekutive Funktionen gegenüber der Privatwirtschaft werden vernachlässigt: in manchen deutschen Bundesländern (z.B. in Bayern)[8] werden die Steuern bei Reichen immer seltener überprüft. Die herrschende Klasse nimmt die Politik und das Gemeinwesen nicht mehr ernst und verhält sich entsprechend, umgekehrt ist sich die Politik dessen bewusst und versucht aus Karrieregründen mal mehr und mal weniger in vorauseilendem Gehorsam zu handeln. Ehemals galt die Bezeichnung *Muddling Through (Durchwursteln)* für eine strategielose Politik im Postfordismus. Heute hat sich die Politik von Strategien grundsätzlich verabschiedet und muss sich noch nicht einmal mehr durchwursteln.[9] Vielmehr

---

7 Hiervon berichten immer wieder Betriebsräte nach Übernahmen durch Private Equity-Fonds.

8 Florian Neuhann, Verschont Bayern Bestverdiener? Mehr Millionäre, deutlich weniger Prüfungen, vom 28. Mai 2019 unter: https://www.zdf.de/nachrichten/heute/mehr-millionaere-deutlich-weniger-pruefungen-bayern-100.html;, abgerufen am 24.05.2021

9 In der systemischen (sic!) Technokraten-Sprache Brüssels und Berlins ist diesbezüglich nur noch die Rede von „Foresight-Prozessen“ (Zukunftsszenarien), „lessons learned“ und einer gesellschaftlichen Komplexität, die immer wieder neue „Challenges“ hervorbringt. Kritik ist kindisch, Aufklärung naiv und nachgedacht wird in Laboren mit spieltheoretischen Modellen.

wurstelt sich die immer schon strategielose, herrschende Klasse durch den Dschungel der politischen Relikte.

Das Racket beeinflusst zwar politische Strategien, hat aber vorerst kein anderes Interesse als sich selbst zu erhalten. Es ist allein aus Herrschaftspragmatismus verschworen, mit dem es seiner anti-aufklärerischen Prinzipienlosigkeit verpflichtet bleibt. Deshalb sind ideologische Clubs und Zirkel der herrschenden Klassen, wie *Bilderberg* oder *Mont Pelerin*, weder verschworene Strategiezentren der Politik, noch Planungszentren der künftigen Ideologie gleich einem mittelalterlichen Konzil. Sie sind lediglich rituelle Clubs, in denen der ideologische Konflikt das Verhältnis zur demokratischen Repräsentation strukturiert. Dafür zeigen sie sich gerne als quasi-religiöse Zirkel, in denen neue Losungen der Komplizenschaft von der Politik abgefordert werden. Letztlich sind sie nichts anderes als Treffen zum Golfspielen oder Skifahren.[10] „Diese Möglichkeit, sich zu zeigen oder nicht, sich nur unter sich, also unter Gleichen zu zeigen, ist eine der Facetten jener Macht der herrschenden Klassen über Zeit und Raum und damit ganz einfach ihrer Macht."[11]

Die Agenten aus Politik und Wirtschaft huldigen im neoliberalen Zeitalter diesen Zirkeln, um für sich als Komplizen in einem lukrativeren Racket zu werben. Der Charakter des Rackets wird dabei nicht nur von Topoi der technokratischen Managementideologie geprägt, sondern auch vom kulturellen Kapital der Rituale verdeckt. Somit schafft es sich stets Symbole zur Abgrenzung und Absicherung seiner Stellung. Das „soziale Kapital" der Zugehörigkeit ist weitaus hochrangiger einzustufen als jegliche Abweichung von sozialen Normen in der Praxis. Bertolt Brecht hat diese Dialektik der unmoralischen Herrschafts- und Korruptionsmentalität in seinen „Geschichten vom Herrn Keuner" folgendermaßen beschrieben:

> „Viele, sagt man, ließen sich durch Ehren bestechen. Damit meinte man: nicht durch Geld. Und während man Leuten, denen nachgewiesen war, daß sie unrechterweise Geld genommen hatten, das

10 Vgl. die Aussagen der Manager in: Deckstein 2009

11 Salle 2022, S. 94

> Geld wieder abnahm, wünscht man jenen, die ebenso unrechterweise Ehre genommen haben, Ehre zu lassen.
> So ziehen es viele, die der Ausbeutung angeklagt werden, vor, glauben zu machen, sie hätten das Geld genommen, um herrschen zu können, als daß sie sich sagen lassen, sie hätten geherrscht, um Geld zu nehmen. Aber wo Geldhaben herrschen bedeutet, da ist herrschen nichts, was Geldstehlen entschuldigen kann."[12]

Die „Ehre", zur besitzenden Klasse zu gehören, ist die verinnerlichte Komplizenschaft und muss stets erneuert werden im dynamischen Prozess der konkurrierenden Rackets. Die Anpassung oder Mimikry an hegemoniale Trends und Ideologien ist Voraussetzung. Die herrschenden Klassen und ihre technokratischen Agenten werden dafür belohnt, beschützt und mit Aufstiegsversprechen überhäuft. Das ist ein wesentliches Merkmal der Schutzgarantien im Racket-Muster. Diese privilegierte Komplizenschaft treibt die Spaltung sozialer Gemeinschaften voran, auch um die etwaige Widerspenstigkeit der *Mehrheiten* zu verhindern. Rackets unterbinden damit Gemeinsinn und Gleichheit.

Komplizenschaft dient der Verlässlichkeit als vertrauensbildende Maßnahme zum Erhalt des *Status Quo*. Adorno kritisiert in diesem Sinne das Selbstverständnis der Eliten vor dem Hintergrund der Auslesekategorien des Mannheim'schen Elitebegriffs folgendermaßen:

> „Seine Unwahrhaftigkeit besteht darin, daß die Privilegien bestimmter Gruppen teleologisch für das Resultat eines wie immer gearteten objektiven Ausleseprozesses ausgegeben werden, während niemand die Eliten ausgelesen hat als etwa diese sich selber. (...) Die mangelnde Homogenität der Eliten ist eine Fiktion, verwandt der marktgängigen vom Chaos der Wertewelt und der Zersetzung aller festen Ordnungen. Wer nicht hereinpaßt, wird draußen gehalten."[13]

Die privilegierte Komplizenschaft der Rackets bildet sich in Elitenzirkeln, Gilden, Zünften, Aufsichtsgremien, Geheimbünden, Clubs und neuzeitlichen Hubs. Dort werden Rituale und Distinktionsmerkmale zur Abgrenzung reproduziert. Die

12 Brecht 1971, S. 72/73

13 Adorno 1975b, S. 138

Ideologien bleiben dynamisch und sind sowohl technologischen Trends, als auch persönlichen Begehrlichkeiten verpflichtet. Das „Dazugehören zur Leistungselite", die Nachahmung der oftmals spirituell verehrten Führer der Wirtschaft sind das Bewerbungsschreiben für den Aufstieg. Es ist die Freiheit der Anpassung, für das persönliche Leistungsversprechen in einer Beutegemeinschaft aufgenommen zu werden. Diese Prinzipien bestehen in allen historischen Gesellschaften, die von herrschenden Klassen geprägt sind. „Vornehmheit, Haltung, Anstand, Ritterlichkeit sind bislang wirklich, wozu der Pragmatismus sie machen möchte, habituell gewordene Formen der Anpassung des Individuums an die gesellschaftliche Situation."[14]

Die oftmals arrogant wirkende Selbstsicherheit der Racketeers, ihr Hochmut, ist Ausdruck einer notwendigen, politisch-empathischen Distanz zu den subalternen Klassen. Hierfür benötigen sie Distinktionsmerkmale, die ihrer privilegierten Stellung gerecht werden sollen. Ihr Selbstbild ist von technokratischer Expertise geprägt. Aber ebenso wie sich die herrschenden Klassen mit ihren Rackets stets des Überlebens willens wandeln, wandelt sich auch ihr kulturelles Kapital, das zumeist national geprägt ist und sich nur marginal international angleicht. Früher war in Deutschland „Musizieren" ihr Distinktionsmerkmal, heute ist es der Marathonlauf. „Französische Spitzenmanager schreiben gern."[15] Bei den Briten ist jeder achte Manager ein Freizeitgärtner. Auch an diese Hobbys sind Beutegemeinschaften der Kulturindustrie gebunden.[16]

Kulturelle Merkmale sind auf Herrschaftsebene ein enormer Kitt der Komplizenschaft und zugleich Ausdruck einer Parallelgesellschaft. Dennoch müssen diese Abgrenzungsmuster der bürgerlichen Gesellschaft offen bleiben für „Neureiche". In Stände- oder Kastengesellschaften ist diese Offenheit nicht vorhanden, weil die Illusion des Aufstiegs durch Anpassung keine

---

14 Horkheimer 1987a, S. 328

15 Michael Hartmann im *Zeit*-Interview „Harvard wird überschätzt" mit Elisabeth Niejahr und Mark Schieritz am 15. September 2016; unter: https://www.zeit.de/2016/37/elite-manager-patriotismus-michael-hartmann?utm_referrer=https%3A%2 f%2 fwww.bing.com%2 f; abgerufen am 12.10.2020

16 Deckstein 2009

Rolle spielt. In der bürgerlich-liberalen Gesellschaft muss die erste gesellschaftliche Natur der Herrschaft – das Rechts des Stärkeren – immer habituell unterstützt werden, denn Rackets sind geprägt von der Gewissheit auserwählt zu sein. Sie legitimieren ihr oft zufälliges Privileg mit mythischen Selbstzuschreibungen, für die sie ökonomische Ursachen in der hegemonialen Meritokratie finden. Der Eintritt ins Racket ist das Privileg. Diese Merkmale spiegeln sich in Aussagen von Managern wider, die nach der Finanzkrise 2008 interviewt wurden:

> „Politische Zielsetzungen, Macht, Geld – darum dreht sich das Spiel immer. Ob Vorstandskollegen, Aufsichtsräte, frühere Konzernchefs, jeder hat zwar seine eigene, persönliche Agenda, aber letztlich geht es im Spiel immer um die Macht und damit ums Geld. In solch einem Umfeld ist innere Unabhängigkeit eines der schlimmsten Fouls, die Sie in den Augen dieser Konzernpolitik-Mafia begehen können."[17]

Und ein anderer Manager konkretisiert die Komplizenschaft am Beispiel der Geheimbünde:

> „Nichtsdestotrotz umgeben sich die Vorstände mit einer Aura, die schwer an die der Freimaurerloge erinnert; die der geheimen, aber immer unfehlbaren Ratschlüsse, die aufgrund höchst rationaler Erwägungen getroffen werden. Da kann ich nur lachen. Das einzige Interesse, das sie vereint, ist tatsächlich, nach außen als mit höherer Erkenntnis versehener Geheimbund zu erscheinen – als die eherne Freimaurerloge der Wirtschaft."[18]

Die Komplizenschaft muss sich immer den ökonomischen Notwendigkeiten und Trends anpassen, nur dann kann sie ihre *bestechende Aura* entfalten. In Zeiten der Marktsouveränität[19] ist die Rationalität der Anpassung recht banal, weil sie sich auf die primitiven Sachzwänge des Tauschprinzips stützt, die als gesellschaftlich-anerkanntes Naturverhältnis ihre bezwingende Totalität besitzen. In historischen Staatsgesellschaften (Feudalismus etc.) bezog sich das Privileg der herrschenden Klassen auf partikulare Merkmale, wie Geschlecht, Herkunft, militärische und administrative Erfolge oder repräsentative Qualitäten. Zwei-

---

17 Deckstein 2009, S. 71

18 Deckstein 2009, S. 76

19 Vogl 2015

fellos bilden sie auch noch heute Voraussetzungen zum Eintritt in die Komplizenschaft des Rackets, werden aber durch meritokratische Muster verdeckt. Das heutige Privileg gebührt den Leistungsträgern. Sie sind die Manager, die *Macher,* die Prediger des *Entrepreneurship*. Der von ihnen definierte Markt ist der Maßstab der metaphysischen Gerechtigkeit in der Gesellschaft.

Die Manager sind im Neoliberalismus die Akteure, die sich im Untersuchungsfeld für eine „Theorie der politischen Praxis der herrschenden Klasse" befinden. Ihr Aufstieg ist Ausdruck der faktischen Machtdifferenz zwischen *Capital and Capitalists*[20], zwischen Eigentümerinteressen (*Capital*) und den Interessen der Eigentumsverwalter, also der Manager (*Capitalists*). Gesellschaftspolitisch kommt diese Machtdifferenz nur äußerst subtil zum Tragen. Gerade dieser Widerspruch zwischen dem massiv verteidigtem Eigentumsprinzip durch Nichteigentümer beschreibt die gegenwärtige, komplizenhafte Stellung der herrschenden Klassen.

Schon 1932 haben sich Berle und Means in ihrem Artikel „The Modern Corporation and Private Property"[21] mit den konkurrierenden Interessen von Managern und Eigentümern (Aktionären) in der Unternehmensführung auseinandergesetzt. Das Verhältnis von *Capital* und *Capitalists* beschreiben sie als „neutrale Technokratie" mit Andeutungen an Racket-Kategorien. Es sind die ersten Phänomene der neuen Macht der Manager, die als technokratische Agentenklasse eine neue Grundstruktur neuzeitlicher Rackets konstituiert.[22] Dadurch wurde keine Verschiebung von Machtblöcken vollzogen, oder eine konspirative Verschleierung des abstrakten Kapitals in Gang gesetzt, vielmehr war es eine Verschiebung von *ownership* zu *control* in der „langen" Geschichte des Kapitalismus. In den Worten von Berle und Means benutzten die Manager „the proxy machinery to become a self-perpetuating body".

---

20 Vgl. Wienold 2011, S. 266

21 Berle/Means 1939

22 Diese Entwicklung verlief parallel zum Aufstieg der neuen Dienstleistungsklasse der Angestellten (Kracauer 1959).

Die neue Macht der Manager zeigt sich im hochentwickelten Neoliberalismus an ihren exorbitanten Provisionen. Die Verwalter des Kapitals besitzen im operativen Geschäft mehr politische Macht als die Eigentümer des Kapitals. Die *Owner* sind auf sie zur Verwertung und Vermehrung ihres Besitzes im globalisierten Finanzkapitalismus angewiesen. Sie können nicht mehr persönlich die komplexeren Verflechtungen bedienen, wie einstmals in den klassischen *Ownership*-Rackets. Die neue Managerkaste muss aber weiterhin mit den *Ownern* um ihre Privilegien kämpfen. Dabei geht es in erster Linie um die Ansprüche verschiedener *Shareholder*. Zur Stabilisierung ihrer Privilegien und zur Sicherung exorbitanter Vergütungen haben sie die sogenannten *Pay for Performance*-Verträge eingeführt. Damit binden sie ihre Boni an die Höhe der ausgeschütteten Dividenden. Um auch noch die neuerdings sogenannten *Stakeholder* – also die Beschäftigten – des Unternehmens in das Beutesystem zu integrieren, werden auch noch für sie entsprechende Boni, gekoppelt an die Dividenden, ausgeschüttet. So hat sich die Beutegemeinschaft eine nach selbstgesetzten Leistungskriterien gebildete Ausbeutungshierarchie gegeben und legitimiert sie über einen konstruierten, unternehmensinternen Markt der *Intrapreneure*. Damit wird eine Beutegemeinschaft aus *reinen* Unternehmern imaginiert. Es scheint allerdings ein Mythos zu sein, ein kapitalistisches Unternehmen nach Marktprinzipien ohne Hierarchie zu organisieren. Coase hat diesen Anspruch in seiner Firmentheorie plausibel widergelegt.[23]

Der *Managerial Capitalism* entfaltete sich erst in der „neoliberalen Revolution“ im Postfordismus ab den siebziger Jahren. Gut ablesbar ist diese Machtverschiebung am Verhältnis der durchschnittlichen Einkommen von CEOs zu dem der jeweiligen Beschäftigten. Zu Beginn der 1970er Jahre lag das Verhältnis noch unter 1 zu 20 in den USA. Inzwischen verdient ein Manager 278mal so viel Geld wie der durchschnittliche Beschäftigte.[24] Markovits beschreibt diese Entwicklung folgendermaßen:

23 Aldred 2020, 350f.

24 Piketty 2018

„Instead, the managerial control stripped from middle managers and production workers has been concentrated in a narrow cadre of executives who monopolize planning and coordination. Mid-Century, democratic management empowered ordinary workers and disempowered elite executives, so that a bad CEO could do little to harm a company and a good one little to help it. Today, top executives boast immense powers of command – and, as a result, capture virtually all of management's economic returns.“[25]

Ursächlich ist hierfür die Machtverschiebung vom Besitz zur Verfügungsgewalt – *the separation of control and ownership*, die im 20. Jahrhundert oft mit der Verbreitung börsennotierter Unternehmen begründet wurde. Mit dem Aufkommen des Investmentbankings im Europa der 80er Jahre hat die Managermacht nochmals einen Schub bekommen. Finanzmanager konnten nun äußerst flexibel von Unternehmen zu Unternehmen wechseln, immense Geldbeträge bewegen und sich in ein mit den *Shareholdern* verbundenen Boni-System einbetten. Auch durch die Stärkung von Kleinanlegern bekamen die Manager gerade in großen Unternehmen eine enorme Macht. Dass die neuen Vermögensgesellschaften (Schattenbanken) als Verwalter der Kleinanleger seltener auf Hauptversammlungen auftreten und formal ihren Einfluss weniger geltend machen, lässt auf informelle Einflussnahmen schließen, um den Interessen ihrer Klienten gerecht zu werden.[26] Das Kapital der *Super-Rich* streut sich im globalen Neoliberalismus wesentlich breiter als zu Zeiten der national eingrenzbaren herrschenden Klassen. Trotzdem gilt auch heute noch die Diagnose von C.W. Mills: „Nicht große Vermögen, sondern große Konzerne sind die wesentlichen Horte des Reichtums, an die sich einzelne sehr reiche Leute auf die eine oder andere Weise gebunden haben. Der Konzern ist die Quelle

25 Daniel Markovits, How McKinsey Destroyed the Middle-Class, in: *The Atlantic* vom 3. Februar 2020; unter: https://www.theatlantic.com/ideas/archive/2020/02/how-mckinsey-destroyed-middle-class/605878/; abgerufen am 18.10.2020

26 Lisa Nienhaus, Die Ohnmacht der Kapitalisten, auf *Zeitonline* vom 8. Mai 2019: https://www.zeit.de/2019/20/aktionaere-anteilseigner-ubs-bayer-kapitalismus-wirtschaftspolitik; abgerufen am 18.10.2020

und die Basis für die dauerhafte Macht und die Vorrechte des Reichtums."[27]

Die Monopolisierungstendenzen zur Sicherung von Reichtum stehen außer Frage, überdecken aber keinesfalls die Interessengegensätze von Managern und Eigentümern.[28] Auch wenn für viele *Super Rich* die neue *Corporate Governance* uninteressant ist und gerne den Managern übertragen wird, ebenso wie die leidige Auseinandersetzung mit nationalen Justizsystemen und Arbeitsbeziehungen, sind die *Super Rich* doch stets daran interessiert, wie auf nationaler Ebene mit *ihren* Konzernen umgegangen wird. Die Übertragung von lukrativen Managerposten an Politiker (*revolving door*) ist ein Mittel, um die sensiblen Konzerne vor Eingriffen der Politik zu schützen. Dass die neue Machtposition der Manager in den Rackets auch neue Möglichkeiten gegenüber der Politik und im Unternehmen verschafft, ist offensichtlich. Sie hierarchisieren die Organisation durch Sonderzahlungen an Angestellte und Beschäftigte trotz formal flacher Hierarchien und stabilisieren damit ihre Beutegemeinschaften. Dumeniel und Levy[29] sprechen deshalb von einem „administered neoliberalism". Den Managern käme eine neue Rolle in „para-statal-institutions" zu. Sie sind die „key agents" meritokratischer Werte.

Die *managerial revolution* wurde begleitet von der Entfesselung der Finanzmärkte und der damit einhergehenden *Fluidisierung* des Kapitals, wodurch nicht nur die Rentenallokation einfacher wurde. In der Krise des Fordismus in den siebziger Jahren war die transatlantische Eigentümerklasse einem enormen Handlungsdruck durch Wachstumsschwäche, der Aufhebung von *Bretton Woods,* der Ölkrise und Innovationsdruck (elektronische Revolution) ausgesetzt um neue, globale Verwertungsbedingungen und damit Ausbeutungsmöglichkeiten zu finden. Das wurde erstmals an der „neuen internationalen Arbeitsteilung" der Textilindustrie deutlich.[30]

---

27 Mills 1962, S. 140

28 Deshalb ist die Kritik von Baran/Sweezy (1967, S. 41 f.) profan, wenn sie Managern und Eigentümern eine Interessengleichheit unterstellen.

29 Duménil/Lévy 2018

30 Fröbel/Kreye/Heinrichs 1983

Die Eigentümer fürchteten um ihre Existenz und suchten nach neuen Investitionsmöglichkeiten, für die neoliberale Theorien Blaupausen lieferten. Der Neoliberalismus formierte nun seinen Angriff auf Gemeinwirtschaft, Staatswirtschaft, Korporatismus, eingehegte Finanzmärkte und widerspenstige Kollektive, die *Profit Seeking* behinderten. Vertragsfreiheit und Eigentumsrechte sollten die alleinigen, dominanten (Kern-)Rechte bilden.[31] Staaten sollten *enabling states* werden, aktivierende Sozialstaaten, die Ansprüche an ihre Bürgerinnen und Bürger stellen entgegen dem impliziten Gesellschaftsvertrag. Der neoliberale Staat verabschiedete sich von seinen Fürsorgeleistungen und stärkte damit das Ressentiment, wie wir heute wissen. Vielen Akteuren der neuen sozialen Bewegungen war diese Staatsaversion anfangs nur recht. Die Gestaltungskraft der Politik wurde im Kompromiss der Eliten „entthront“ [32] und Ungleichheit und kapitalistische Herrschaftsverhältnisse traten offener zutage. „Zum Beispiel wären die Zerstörung des Wohlfahrtsstaates und die Privatisierungspolitik, wie sie ab den siebziger Jahren zu beobachten waren, ohne die Komplizenschaft der politischen Oligarchie und hoher Staatsbeamter mit den Wirtschaftseliten unmöglich gewesen.“[33]

Ein weiteres, zentrales Indiz des *Managerial capitalism* ist der Aufstieg der großen Unternehmensberatungen (McKinsey, Boston Consulting, Roland Berger, Price Waterhouse, KPMG), die sich schnell als Managergilden profilierten. Sie stärken die Homogenität und den Korpsgeist der neuen „Macher“. Das schafft Verlässlichkeit für die *Owner*. Ein neues Ethos und neue Geschäftsmethoden konnten sich dadurch etablieren, die auf betriebliche und soziale Belange wenig Rücksicht nehmen. So entstanden auch die finanzmarktkompatiblen Geschäftsmodelle der *Start Ups*. Über eine Milliarde Euro werden jährlich von der deutschen Bundesregierung an Beraterfirmen für Aufgaben gezahlt, die ehemals die Ministerialbürokratie erledigte. Ehemalige Unternehmensberater stellen inzwischen einen Großteil der CEOs der Monopole des *Silicon Valley*. Sie sind die neue „Manager-Aristokratie“ der USA

---

31 Pistor 2019

32 Slobodian 2019

33 Rendueles 2022, S. 232

und gut untereinander vernetzt. „McKinsey alone counts 70 Fortune 500 CEOs among its alumni, including the current CEOs or COOs at Google, Facebook and Morgan Stanley. Indeed, a greater share of McKinsey employees become CEOs than any other companies in the world."[34]

Manager mit „Korpsgeist" (dem Geist der Komplizenschaft) werden nicht nur in Unternehmen und Ministerien platziert, sie sind sehr begehrt in wirtschaftspolitisch-ausgerichteten, internationalen Organisationen. Der IWF, die Weltbank, die WTO und die EZB bilden intensive Abhängigkeitsverhältnisse zu nationalen Regierungen, Banken und Beratungsgesellschaften. Die hier lokalisierbaren „Globalisten"-Manager haben stets darauf hingearbeitet, internationalen Wirtschaftsorganisationen zu mehr Macht zu verhelfen und dadurch die wirtschaftspolitischen Sachzwänge zu zementieren und aus demokratischen Legitimationsverfahren herauszunehmen.[35]

Beratungsfirmen sind im globalisierten Kapitalismus einer Unmenge von Regierungen zu Diensten und steuern damit ihre wirtschaftspolitischen Maßnahmen weltweit. Dass sie deswegen in etliche Korruptionsfälle, ob bei *Wirecard*, in Beschaffungsdelikten von Ministerien, den *Paradise-Papers* oder in kriminellen Rackets, wie denen des südafrikanischen Zuma-Kartells eingebunden sind, verwundert nicht. Viele europäische Spitzenpolitiker haben zuvor bei den großen Beratungsgesellschaften gearbeitet, oder sie nutzen die *Revolving Door*, um dies nach ihrer Amtszeit zu tun. Seitdem der öffentliche Dienst samt Ministerialbürokratie ausgedünnt und viele öffentliche Aufgaben privatisiert wurden, stehen die Beratungsgesellschaften für fast jede öffentliche Strukturmaßnahme parat und plündern darüber die Staatskassen, wie beim EU-Aufbaufonds *Next Generation*.[36]

---

34 Daniel Markovits, How McKinsey Destroyed the Middle-Class; in *The Atlantic* vom 3. Februar 2020; unter: https://www.theatlantic.com/ideas/archive/2020/02/how-mckinsey-destroyed-middle-class/605878/; abgerufen am 18.10.2020

35 Slobodian 2019, S. 181 ff. und Varoufakis 2017 – In der Griechenlandkrise wurde die Macht der internationalen Organisationen gegenüber demokratisch gewählten Regierungen sehr deutlich.

36 Ekaitz Cancela/Stuart Medina, Consultancy Capitalism is allowing private firms to control public funds, in *Jacobin* vom 8. November 2021, unter:

Die Komplizenschaft der Manager ist auch die Geschäftsgrundlage für das *Private Equity*-Prinzip auf den Finanzmärkten. Die Beratungsgesellschaften stellen dafür flexible Geschäftsführer bereit, die *Private Equity Fonds* in übernommenen Betrieben einsetzen. Die gegenwärtige Konstruktion der Finanzmärkte – mit der *Asset Management*-Industrie, den Steueroasen, dem Unternehmen als Ware in einer „virtuellen Distributivökonomie“[37], sind auch Resultate des *Profit Seeking* in der *managerial revolution*. Inzwischen ist die Verfügungsgewalt der Manager mit etlichen Unternehmen in sogenannten „Super-Hubs“ der Vermögensverwalter verankert und vernetzt.[38] Ein zeitgenössisches Modell dieser privilegierten Komplizenschaft in den herrschenden Klassen, dass die internationale Dynamik berücksichtigt und sich auf die gesellschaftlichen Klassenverhältnisse bezieht, existiert bisher nicht. Der Begriff der „Transnational capitalist class“[39] kann diese Entwicklung nicht kohärent beschreiben. Denn die transnationale Vernetzungsdynamik herrschender Klassen hat lediglich nationale Legitimationsmuster, kulturelle Einbettungen und *Ownership*-Abhängigkeiten beeinträchtigt, aber nicht ihren Referenzrahmen in der demokratisch-legitimierten Politik verringert. Mehr als neunzig Prozent der *Super Rich* leben in dem Land, in dem sie geboren und aufgewachsen sind.[40] Eine strukturelle Entnationalisierung ihrer Rackets ist nicht ersichtlich, vielmehr eine Internationalisierung ihrer politischen Praxis.

---

https://jacobin.com/2021/08/consultancy-capitalism-private-sector-neoliberalism; abgerufen am 17.07.2023

37 Pfeiffer 2021 und Pfeiffer auf der SOFI-Tagung in Göttingen am 28. November 2019: „In der Distributivökonomie (...) kann der Betrieb selbst Ware und Objekt für die Wertrealisierungschancen anderer werden. (...) In der Distributivökonomie benötigt die Arbeitsforschung einen verschränkten Blick auf die Produktions- und Distributionskräfte, auf die anderen Akteure und auf die teils veränderte Rolle des Betriebs.“

38 Sandra Navidi am 22. Juni 2017 im Interview mit *Deutschlandfunk Kultur*: https://www.deutschlandfunkkultur.de/sandra-navidi-wir-sind-auf-dem-weg-in-die-naechste-krise.970.de.html?dram:article_id=389275; abgerufen am 19.10.2020

39 van der Pijl 1998, vgl. auch Hirsch/Kannankulam 2009

40 Michael Hartmann am 15. September 2016 im Interview mit der *Zeit*: https://www.zeit.de/2016/37/elite-manager-patriotismus-michael-hartmann; abgerufen am 19.10.2020

Es geht in einer „Theorie der politischen Praxis der herrschenden Klassen“ nicht allein um die Frage, was die Grundlage (Kapitaleigentum) und wie die Struktur der herrschenden Klassen ist, sondern vielmehr darum, wie sie *herrscht* – welche Beziehungen zu den Abhängigen nötig sind und wie die herrschende Klasse stets ihre Stellung neu organisieren muss. „Auch die marxistische Theorie (...) zeichnet lieber abstrakte strategische Muster des Klassenverhaltens nach, statt den tatsächlichen Handlungen der herrschenden Klassen nachzugehen.“[41]

Ein analytischer Weg zur Erfassung der Abhängigkeiten und Verhältnisse der herrschenden Klassen, also der Modi ihrer Praxis, ist die „Power Structure Research“.[42] Ihr Vorteil ist, dass sie die Beziehungen zwischen *Super Rich*, Managern und dem sogenannten „Dienstleistungspersonal“ hervorhebt und damit die Handlungsmöglichkeiten potentieller Rackets im abstrakten Modell der Herrschaftspyramide deutlich macht. Die maßgeblichen Impulse für diesen Ansatz kamen von Thorstein Veblen[43], Franz Neumann[44] und C. Wright Mills[45] und hatten Einfluss auf diverse Ansätze kritischer Machtforschung der Neuzeit. Krysmanski[46] unterscheidet 4 Funktionseliten: Super Rich, Konzern- und Finanzeliten, Politische Eliten, Funktions- und Wissenseliten. Sie bilden eine Ringburg konzentrischer Kreise um die jeweils höhere Elite, die sie schützt. Das „Ringburg-Modell“ bietet einen anschaulichen Torso zur Betrachtung des Racket-Musters in den herrschenden Klassen, also bezüglich der Adressaten privilegierter Komplizenschaft und den von ihr abhängigen Beutegemeinschaften. Die Ringe sind durchdrungen von Wirtssystemen, die sich in der Komplizenschaft stabilisieren und darüber hierarchische Abhängigkeiten deutlich machen. Diese Abhängigkeiten werden anschaulich vom neoliberalen

41 Krysmanski 2018, S. 145

42 Einen guten Einblick in die Kontroversen der PSR bezüglich der Begriffsbildungen zwischen „Eliten“ und „herrschenden Klassen“ bietet Rilling (2016).

43 Veblen 2007

44 Neumann 1993

45 Mills 1961

46 Krysmanski 2018, S. 161

Principal-Agent-Model erfasst, denn das Racket besitzt im neoliberalen Zeitalter auch deswegen eine Aktualität in der kritischen Herrschaftsanalyse, weil diverse neoliberale Theoriebildungen die politische Praxis des Racket-Musters nachzeichnen[47] und sie als Praxismuster der Politik empfehlen. Das *Principal-Agent-Model*[48] ist somit Modell und Analyseinstrument zugleich. Der Prinzipal ist Inhaber der Verfügungsgewalt. Er gewährt dem Agenten über einen Vertrag Entscheidungsmöglichkeiten über besondere Ressourcen. Die Übertragung von Macht in diesem oft schon komplizenhaften Verhältnis kann der Verschleierung informeller oder krimineller Praxen dienen. Der dritte Akteur im Prinzipal-Agent-Verhältnis ist der Klient oder Kunde, dem die Ressourcen angeboten werden, zumeist in einem informellen Vertragsverhältnis.

Dieses abstrakte Tauschmodell wird oft in der Korruptionsforschung angewandt, weshalb es auch zur Veranschaulichung der Praxis der herrschenden Klassen als äußerst geeignet erscheint. Im Falle politischer Korruption ist der Kunde der Bestechende und der Agent der Bestochene. Letzterer verstößt aus Eigennutz gegen die Institution des Vertrags mit dem Prinzipal und missbraucht darüber seine Befugnisse, was sich am Empfang einer Belohnung (Geld, Arbeitsvertrag, Immobilie etc.) aus einem nicht privaten Geschäft zur privaten Verfügung belegen lässt.[49]

Das Prinzipal-Agent-Modell mit seinen Kundenbeziehungen verdeckt den nicht unerheblichen Faktor der privilegierten Komplizenschaft. Denn erst sie sichert die informellen Beziehungen, die das Geschäft schützen, gewissermaßen als informelle Rechtssicherheit. Die „komplizenhafte" Stellung des Agenten zum Prinzipal beschreibt das Ausmaß seiner Handlungsfreiheit und beinhaltet oft die Mitwisserschaft des Prinzipals. Mit der Gewährung flexibler Entscheidungsmöglichkeiten für den Agenten wird die privilegierte Komplizenschaft gefestigt. Diese Flexibilität dient dem Prinzipal als Schutz vor Abweichung und

47 Der neoliberale Wirtschaftsnobelpreisträger Gary Becker hatte sogar in seiner Nobelpreisvorlesung behauptet, ihm sei es „ein Rätsel, warum Diebstahl gesellschaftlich schädlich sein soll." (Aldred 2020, S. 212)

48 Goodie/Stasavage 1998, Stykow 2002

49 Banfield 1975

Skandalisierung. Der Agent besitzt damit einen informellen Handlungsspielraum, den er für seine und die ihm vertraglich auferlegten Zwecke nutzen kann.[50]

Die neoliberale Theorie betrachtet den Prinzipal immer als eine abstrakte Person, vielleicht auch um seine subjektiven Potentiale zu neutralisieren oder als „erste Natur" zu legitimieren. Deshalb werden auch schon WählerInnen als Prinzipal und die Gewählten als Agenten gesehen. Neoliberale Theorie denkt Gesellschaft ausschließlich in bipolaren Vertragsverhältnissen. Sie diagnostiziert sich selbst, dass diese Vertragsverhältnisse aufgrund unklarer Handlungsspielräume „unvollständig"[51] sind. Daran wird deutlich, wie auffallend das Defizit der informellen Sicherheiten, wie der Komplizenschaft, in ihren Konzepten ist.

Die Prinzipal-Agent-Ansätze können die ökonomische Beziehung privilegierter Komplizenschaft, wie wir sie im Racket und in der Analyse der herrschenden Klasse vorfinden, äußerst anschaulich illustrieren. Jedoch besitzen sie wie alle neo-institutionalistischen Ansätze keine gesellschaftstheoretische Dimension, die soziale Disparitäten nachweisen könnte. Der Ansatz macht aber implizit die historische Kontinuität des Racket-Musters deutlich, denn er könnte ebenso als Feudalherr-Hofmeister-Ansatz oder Eigentümer-Manager-Ansatz Geltung beanspruchen. Er belegt damit, dass die Merkmale informeller Politik die Staatskritik um eine historische Erkenntnis bereichern: nämlich, dass die Möglichkeiten politischer Praxis auf elitärer Ebene Relikte vorbürgerlicher Zeiten zum Vorschein bringen, die der bürgerlichen Gesellschaft ebenso immanent sind.

Mit dem Prinzipal-Agent-Ansatz können die Verhältnisse in der Ringburg anschaulich beschrieben werden, weil er die politische Praxis der Rackets in der herrschenden Klasse hervorhebt. Die Rackets bilden sich um die Prinzipale. Ihre privilegierten Komplizen sind Agenten. Die Einbettung der Rackets in den herrschenden Klassen kann vor dem Hintergrund der Prinzipal-Agent-Ansätze folgendermaßen als Idealtypus eingeordnet werden:

---

50 Klitgaard 1988, S. 75

51 Dietz 1998

Der erste Ring sind die *Super Rich* – die sogenannten „1 Prozent“, die in den USA mehr besitzen als die unteren 90 Prozent der Bevölkerung. Es sind die Milliardäre der Welt, die ähnlich wie frühere Kaiser und Könige ihre Herrschaft als Gottesgnadentum (heute als Leistungsgötter) in teils religiös anmutenden Events feiern. Ihre Herrschaft wirkt amorph, ohne sozialen Bezug. Ihre Position allein ist politisches Statement, weshalb sie selten direkten Einfluss ausüben. Sie lassen ihre Interessen verwalten. Die *Super Rich* konkurrieren wenig untereinander. Sie sind Komplizen in eigener Sache und weichen häufig politischen Konflikten und medialer Präsenz aus. Deshalb suchen sie sich Orte, wie zum Beispiel die Superyachten.

> „Es handelt sich um einen räumlichen Rückzug in kleinem Maßstab, der eine gesellschaftliche Abspaltung in großem Maßstab umsetzt; eine Art Loslösung der Eliten in Form eines Exit, eines Ausstiegs aus der Gesellschaft, der seinen mit der Superyacht durchaus vergleichbaren Archetypus im libertären Traum von einer von jeglicher staatlichen Bevormundung befreiten Insel für Reiche findet. Eine Isolation, die nicht von der Welt generell, sondern von einer bestimmten Welt trennt, übrigens eine äußerst relative Isolation, da sie auf Netzwerke angewiesen ist, die eine Verbindung auf Distanz erlauben.“[52]

Super Rich können nicht mehr verlieren. Sie müssen extrem pragmatisch und in sozialen Belangen prinzipienlos, gewissenlos und ideologisch ausgrenzend sein. Die *Super Rich* sind nicht nur die materiellen Gewinner, sondern auch mit ihrem Vermögen und den daraus resultierenden Wirtssystemen maßgebliche Einflussgrößen auf Medien, Politik, Kultur und Wirtschaft. Sie bilden die neuen Oligarchien. In den USA, Russland, China, Lateinamerika, Afrika und Indien sind sie am ausgeprägtesten. In Europa bekamen sie in Ungarn, Polen und der Türkei durch autokratische Regime einen neuen Auftrieb. In Deutschland und Frankreich sind sie informeller und zurückhaltender. All diese Oligarchien gefährden demokratische Errungenschaften.[53]

---

52 Salle 2022, S. 92

53 Die Postdemokratie-These hat hierüber nach der Finanzkrise für eine intensive Debatte gesorgt, vgl. dazu Crouch (2008).

„Daß Demokratie Oligarchie ist, liegt nicht an den Menschen, die nach Ansicht und Interesse ihrer reifen Führer zur Demokratie nicht reif sein sollen, sondern an der Unmenschlichkeit, die das Privileg in die objektive Notwendigkeit der Geschichte eingräbt. Indem aus der Dialektik der Klasse am Ende die nackte Cliquenherrschaft sich erhebt, wird die Soziologie erledigt, die das immer schon gemeint hat. Ihre formalen Invarianten erweisen sich als Voraussagen über jüngste materielle Tendenzen. Die Theorie, die an der Lage heute lernt, die Banden in den Klassen zu identifizieren, ist die Parodie auf die formale Soziologie, welche die Klassen leugnet, um die Banden zu verewigen."[54]

Der Begriff der Oligarchie entsprang ursprünglich der Krisendiagnose und wurde für die Analyse feudaler Strukturen in den frühen Parteiapparaten verwendet, um Ständedemokratie zu erfassen und belegen.[55] Nun kehren diese Begriffe zurück. Schon *Occupy* hatte die 1 Prozent der *Super Rich* in den Blick genommen, die sich ihre Privilegien, wie in feudalen und staatszentrierten Systemen, immer unverhohlener sichern. Sie drängen den Raum der „formalen" Politik zurück. Am deutlichsten werden ihre Erfolge am Aufstieg der großen Monopole des *Silicon Valley*.

Der zweite Ring beinhaltet die politisch-wirksamen *Prinzipale* – die Konzern- und Finanzeliten, die *managerial class*. Es sind die CEOs, die Top-Manager großer Konzerne und politischer Organisationen (IWF, EZB etc.). Zu ihnen zählen auch die militärischen Machthaber, die Generäle. Die Prinzipale sind oft selber Multimillionäre und schützen die *Super Rich* durch ihre Loyalität. Sie organisieren die Beute der Kapitaleigner und können unmittelbaren Einfluss auf ihre Höhe ausüben. Als exekutive Typen sind sie die eigentlichen Machthaber, konkurrieren extrem untereinander und sind deshalb Hauptakteure jeder Kollaboration und Intrige. Sie wollen selber *Super Rich* werden und üben die Para-Staatlichkeit des Rackets auch im Unternehmen, der Armee oder einer anderen Organisation aus.

Zur Stabilisierung der herrschenden Klassen braucht es eine privilegierte Dienstleistungsklasse, die entsprechend nationaler Eigenschaften aus unterschiedlichen Milieus bestehen kann. Sie

54 Adorno 1975a, S. 17

55 Z.B. Mosca 1950 und Michels 2012

befindet sich im dritten Ring. Es sind die *Agenten* der Prinzipale; Technokraten, die Sachzwänge und Ideologien zur Stabilisierung der herrschenden Verhältnisse propagieren. An vorderster Stelle steht das politisch-administrative Führungspersonal aus Regierungen, Parteien, Verbänden, Medien und Sport. Horkheimer hätte als Agenten noch die Gewerkschaftsfunktionäre, Ingenieurinnen, Rechts -und Staatsanwälte, Professorinnen und Ärzte genannt.[56] „Beispiele für diese Rackets sind die Bürokratien aller Art, einschließlich der Gewerkschaften und – der Ärzte. Die Divergenz zwischen dem, was ist, und dem, was sein könnte in Bezug auf die richtige Gesellschaft, rührt von dem Interesse der Rackets her, die möglichst viel Macht und Geld für sich monopolisieren wollen."[57]

Unter den heutigen Kräfteverhältnissen würde man zu dieser Gruppe noch prominente Künstlerinnen und Starökonomen zählen – letztere als „Medizinmänner" der selbsterklärten Leistungsgesellschaft, die den Klerus ersetzen. Die Dienstleistungsklasse muss sich mit ihrer technokratischen Expertise stets beweisen, ihre Komplizenschaft im Geiste darlegen. Dafür werden sie von den Prinzipalen entsprechend belohnt mit Posten, Ämtern und letztlich Geld. Diese Gruppe hält maßgeblich das gesamte System am Laufen, denn sie ist zugleich Treiber und Barometer der dynamischen Erneuerung der Racket-Strukturen und Beutegemeinschaften. Ihre innere Konkurrenz ist subtil und oftmals symbolisch. Sie vollzieht und verfälscht die Interessen der herrschenden Klassen, in vorauseilendem Gehorsam, im offenen Konflikt untereinander oder eigennützig interpretiert und damit die eigene berufliche Existenz gefährdend. Zugleich muss sie soziale und ökonomische Herausforderungen erkennen und förmlich riechen, ob die Zeit zum Wechsel in ein anderes Racket gekommen ist. Die *Agenten* der Dienstleistungsklasse stellen die Dissidenten. Sie können die Seite wechseln, Prinzipale gemeinsam putschen und das Risiko des Widerspruchs ausüben und somit maßgeblich Intrigen anderer Prinzipale befördern.

56 Horkheimer 1988d, S. 334
57 Horkheimer 1988a, S. 325

> „Der kategorische Imperativ des Intriganten lautet daher: Handle so, dass alles, was du unternimmst, Teil einer höheren Lenkung sein könnte, die dich, unabhängig von Gut und Böse, zu dem von dir gewünschten Erfolg führt. Lebe nicht im Glauben an eine geheime Steuerung der irdischen Dinge, sondern als einer, der sie selber im geheimen steuert."[58]

Die Agenten müssen sich oft mit „Gerechtigkeits"-Ansprüchen auseinandersetzen. Diese Aufgabe wägen sie zwischen den eigenen Existenzbedingungen (Wiederwahl) und den Interessen der Prinzipale (spätere Karriereaussichten) ab. Sie bilden qua ihrer formal wahrgenommenen oder nicht wahrgenommenen Entscheidungsbefugnisse die Grenze zur eigentlich herrschenden Klasse. Die Agenten können auch als „cadres"[59] bezeichnet werden: „Die cadres sind eine Klasse von Mediatoren, die Leitungsaufgaben für die herrschende Klasse ausführen, aber gleichzeitig, wie Arbeiter, als ein lohnabhängiges Stratum ihre Arbeitskraft verkaufen."

Das Prinzipal-Agent-Modell des Racket-Musters beschreibt diese widersprüchlich vermittelten Verhältnisse, die dem *hegelschen* Herr-Knecht-Verhältnis gleichen. Agenten können selten langfristig in die ersten beiden Ringe der herrschenden Klasse aufsteigen, auch wenn ihre Komplizenschaft ständig suggeriert, sie wären schon dort. Zugleich sind sie die flexibelste „Klasse" und bekennen sich ebenso zur Komplizenschaft mit der Mittelschicht, wenn es ihren Interessen in sozialen Konflikten dient.

Unter den Agenten befindet sich der vierte, größte Ring der „Funktions- und Wissenseliten", die schon Übergänge in die Beutegemeinschaften der konstruierten Mittelschicht sichtbar machen. Es ist die aufstiegsorientierte Oberschicht. Sie partizipieren als *Klienten* im Prinzipal-Agent-Modell an der „Beute der Großen". Es sind die mittleren Funktionäre der Beutegemeinschaften. Zu ihnen zählen Werbe- und Marketingexperten, Journalistinnen, *Junior Consultants*, Bloggerinnen und Coaches als „organische Intellektuelle". Sie steigen immer wieder ab und gelten als Mahnung für widerspenstiges Handeln. Es sind

---

58 Matt 2006, S. 197

59 Van der Pijl 2001, S. 498

letztlich die „Hilfseliten", die nur virtuell ein Verhältnis zu den herrschenden Klassen haben. Sie sind nicht nur die Stützen der Herrschaftsideologie, sie sind auch die kreativen Konstrukteure des *Common Sense*.

Die Beutegemeinschaften der Mittelschicht befinden sich außerhalb der Ringe der herrschenden Klassen, weil sie keinen unmittelbaren Einfluss auf deren politische Praxis haben.[60] Zu ihnen zählen alle abhängigen Klassen der Facharbeiter, Angestellten und Freiberuflerinnen. Sie stehen über Konflikt und Konsens (Klassenkampf, Sozialpartnerschaft) mit den *Agenten und Klienten* der herrschenden Klassen in Aushandlungsprozessen um die Beute. Ihre *vermittelte* politische Einbindung in die Praxen des Racket-Musters ist von Land zu Land äußerst unterschiedlich.

Unter den Beutegemeinschaften befindet sich nur noch die „Objektklasse" oder der „Rest".[61] Er ist nicht nur von prekärer Arbeit geprägt, er ist Ausdruck einer prekären sozialen Situation, weil er außerhalb jedes Beuteanteils steht und den Beutegemeinschaften ihre wahre Rolle im Herrschaftssystem vor Augen hält. Es sind die abhängigen Beschäftigten, die weit von der Partizipation an einer Beutegemeinschaft entfernt sind. Der „Rest" ist das Angstinstrument, aus dem die Widerspenstigkeit der primitiven, nepotistischen Racketimitationen im kriminellen Milieu hervorgehen können. Schließlich wird der „Rest" nicht nur als Objekt außerhalb der Leistungsgemeinschaften gesehen, er ist auch ökonomischer Gewalt, wenn nicht sogar physischer Gewalt durch staatliche Apparate ausgesetzt. Im preußischen Sinne sind es die „gefährlichen Klassen", die ehemals in Arbeitshäuser interniert wurden. Es waren die vom Gutshof „freigesetzten" Landstreicher im Frühkapitalismus. Diesen Rest wird niemand schützen. Er setzt sich aus Arbeitslosen, Geringverdienern und Kriminellen, oft mit Migrationshintergrund zusammen. Grundsätzlich sind es

60 Natürlich haben sie in liberal-demokratischen Systemen einen *vermittelten* Einfluss über Wahlen, Gerichte und gelegentlich auch über soziale Bewegungen auf die politische Praxis der herrschenden Klassen. Die Bedeutung der *vermittelnden Institutionen* steht und fällt aber mit ihrer Fähigkeit Gerechtigkeitsansprüche authentisch in den politischen Prozess zu übertragen.

61 Boltanski 2010, S. 29

all die Personen, die von ihrem regulären Gehalt keinen Lebensunterhalt, erst recht keine Rente bestreiten können. Wird diese Gruppe politisch einflussreich, kann sie zur Gefährdung für die herrschenden Klassen werden. Deshalb ist eine der entscheidenden Grenzen, an der sich Reaktion oder Revolution entwickelt, der „Unterschichts-Übergang" der Mittelschichten zum „Rest". Dann kommt ihre Angst vor dem Abstieg und der Verdrängung aus den Beutegemeinschaften zur Geltung.[62] Wenn ihnen keine überzeugende, mehrheitsfähige gesellschaftliche Alternative angeboten wird, imitieren sie die erlebten, gesellschaftsfernen Racketpraxen und wählen die Dissidenten der herrschenden Klasse.

Die Strategie der herrschenden Klassen im Neoliberalismus zielte auf eine Entmündigung der Politik. Sie sollte nur noch nach wirtschaftlichen Sachzwängen agieren bzw. moderieren, den Staatshaushalt einem Spardiktat aussetzen, damit Steuern für die oberen Einkommensklassen gesenkt werden können und die Funktionen von Staatsapparaten privatisieren, um sie besser mit konformem Personal der Beratungsindustrie steuern zu können. Dadurch wirkt die Ideologie des *Entrepreneur*-fixierten Wirtschaftsliberalismus totalitär. Die privatwirtschaftlich dominierten Rackets in der Ringburg werden mit der religiös anmutenden Leistungsideologie stabilisiert. Daraus resultiert die scheinbar amorphe, netzwerkartige Struktur der Beziehungen, in der Klientelismus, Abhängigkeiten und Privilegien reproduziert werden.

Die ideologisch führenden Rackets der Ringburg sind auf den Finanzmärkten aktiv. Sie haben sich kulturell auf globaler Ebene angeglichen. Mit neuen Versprechen der Renditeerwartungen locken sie auch die alten, traditionellen Rackets auf die Börsen, Briefkastenfirmen und Finanzinstitute. Noch weniger als die Akteure global agierender Industrieunternehmen lassen sich die Finanzakteure von nationalen Befindlichkeiten der Politik oder selbst der international tätigen Mafia beeinflussen. Die entstandene internationale Finanzklasse[63] entwickelt eine dynamische

62 Zum Beispiel war die „untere Mittelschicht" entscheidend für die Wahl von Donald Trump.

63 Neckel et al. 2018

„Off-Shore-Souveränität“[64]. Die kulturelle Angleichung ihrer Werte und Normen lässt Rückschlüsse auf die geschäftspolitische Ausrichtung ihrer Rackets zu, die keine Rücksicht auf soziale und politische Befindlichkeiten der Nationalstaaten nehmen. Ihre Einbettung in global agierenden Schattenbanken, Trusts und Fonds schafft eine Vielzahl von diversen Beutegemeinschaften, die dem Finanzmarktsystem eine außerordentliche Dynamik verschafft und es damit auf globaler Ebene kaum reformierbar noch steuerbar macht. Die Rackets des Finanzmarktkapitalismus sind neben den Beratungsunternehmen und den internationalen Organisationen die Treiber für die weltweite Angleichung und Vernetzung von Rackets und Beutegemeinschaften. Die Informalisierung der Politik und die Entdemokratisierung von Entscheidungen sind Ergebnisse dieser Angleichung. Trotzdem bestehen gegenwärtig noch eklatante Machtunterschiede der Rackets in den unterschiedlich vorhandenen „Varieties“ des Kapitalismus.[65]

Im autokratischen China hat die kommunistische Partei oligarchische Strukturen zwischen wirtschaftlichen Führungsebenen und der Politik ausgebildet. Sie imitieren oftmals die Triaden, die traditionell weltmarktfähige Handelsketten aufbauen und betreiben, mit entsprechenden vertraglichen Beziehungen.[66] Diese Klientelstrukturen werden machtvoller und stellen aufgrund ihrer schamlosen Korruptionspraxis eine Gefährdung der System-Dynamik im Staatskapitalismus dar. Das ist dem chinesischen Partei-Establishment bewusst und wird mit regelmäßigen, radikalen „Säuberungsprozessen“ beantwortet. Die modernen chinesischen und indischen *Super-Rich*-Oligarchien entstanden parallel zur Entwicklung einer neuen Mittelschicht in diesen Ländern. Die neuen Oligarchien brauchten diese Beutegemeinschaften zur Absicherung ihrer Macht und Legitimation. Damit haben sie in Indien auch das Kastensystem gestärkt. Die Abhängigkeiten der Mittelschicht-Beutegemeinschaften sind noch labil und werden oft durch rassistische Ressentiments gegen andere Bevölkerungsgruppen stabilisiert. Übergriffe auf muslimische

64 Deneault 2021, S. 146

65 Hall/Soskice 2001

66 Appelbaum 1998

Bevölkerungsgruppen sind in Indien und China an der Tagesordnung. Die Ressentiments dieser *Neuen Mitte* stützen sich in Indien auf den Hindu-Nationalismus von Premierminister Modi, der damit sein Racket schützt und von Korruption und Misswirtschaft ablenken kann. Pankaj Mishra kommentiert es entsprechend: „It's a nice racket, if you can get into it." Und er fordert:

> „We still need a sociology of these new elites – their connections to the US and Europe through networks of colleges, universities, think tanks, NGOs, foundations, and fellowships, and their ideological indoctrination at various institutions. (...) They often called themselves liberal, but they were also to found on the Hindu right, and the traffic between the two camps was brisk."[67]

In Russland sind ebenso wie in China alle Institutionen auf den Staat und seine Oligarchie gerichtet. Die Nähe zum Kreml-System in der Hauptstadt ist eine entscheidende Bedingung für das Überleben in der russischen Oligarchie, in der sich ein abgeschlossenes Putin-Racket gebildet hat, das seine Gewaltbereitschaft und damit auch seine verletzbare Struktur stets mit Auftragsmorden unter Beweis stellt.[68] In solch verhärteten Rackets wird auf Nationalismus gesetzt, weshalb die personellen Kulte um Putin oder auch Erdogan oftmals wie schlechte Racket-Imitationen erscheinen. Sie bilden archaische Muster ab, die wenig Sicherheit genießen.

In Lateinamerika existieren schon seit etlichen Jahrzehnten von den USA geduldete Rackets zwischen Militär, religiösen Gruppen, Großgrundbesitzern und Rohstoffmagnaten.[69] Konflikte zwischen Militär und Mafia-Milizen sind an der Tagesordnung. Das Spiegelbild der herrschenden Rackets sind die „maras", die Jugendbanden, die in Zentralamerika 70 Prozent der Unternehmen Schutzgelder abpressen. Das findet nicht im

---

67 In der *Los Angeles Review of Books* vom 15. November 2018: https://lareviewofbooks.org/article/the-liberal-order-is-the-incubator-for-authoritarianism-a-conversation-with-pankaj-mishra/

68 Thorsten Fuchshuber „Der Meister der Rackets" am 19. Januar 2017 in der *Jungle World* unter: https://jungle.world/artikel/2017/03/der-meister-der-rackets; abgerufen am 09.05.2021

69 Schulte-Bockholt 2006

„Schatten des Staates“ statt, denn der ist zu schwach und korrupt, vielmehr ist es das einzige Instrument zum Überleben. Solch ein *failed State* existiert auch in Mexiko, einem Land, das nahezu komplett unter den Rackets der Drogenzulieferer für den nordamerikanischen Markt aufgeteilt ist.[70]

Die Ölmilliardäre der arabischen Halbinsel haben eine kuriose Sonderposition in der globalen Ökonomie inne. Sie versuchen sich in einer Überwindung ihrer wirtschaftlichen Monokultur, deren Hindernisse oft in ihren staatspolitischen Traditionen liegen. Denn sie bilden immer noch Patronage-Netzwerke um nepotistische Familienclans, oft mit angeschlossenen Milizen.[71] Die reichen Ölstaaten am Persischen Golf, insbesondere Dubai, profilieren sich in den letzten Jahren zunehmend als Rückzugsgebiet für kriminalisierte Rackets aus Afrika, Europa und Asien.

Die Machtnetzwerke in Afrika sind und waren schon immer für die globale Ökonomie unbedeutender. Sie haben sich seit dem Ende des kalten Kriegs unauffällig entpolitisiert und versuchen ihre postkolonialen Abhängigkeiten von Europa einzuschränken. Doch Afrika besitzt die unmittelbarste Abhängigkeit von den Finanzplätzen der westlichen Metropolen, aufgrund ausbleibender Alternativen. Ohne eigenes Finanz- und Industriekapital ist der Kontinent Agrar- und Rohstoff-Beute internationaler Konzerne.[72] Jährlich verlassen ca. 50 Milliarden Dollar den Kontinent auf die westlichen Finanzplätze. Das übersteigt um ein Vielfaches die zurückfließenden Entwicklungsgelder. Afrikanische Rackets versuchen von diesen Finanzflüssen so viel wie möglich über staatliche Apparate ihren Clans zu zuführen.[73] Das wird häufig sogar als antikolonialer Akt gedeutet, weil der Staat *per se* als Symbol des Kolonialismus angesehen wird.

---

70 Tomasz Konicz „Mexiko: Atomisierte Gewalt“ am 18. Januar 2023 im *untergrundblättle* unter: https://www.untergrund-blättle.ch/politik/lateinamerika/mexiko-sinaloa-drogen-kartell-gewalt-7460.html; abgerufen am 09.07.2023

71 De Elvira/Schwarz/Weipert-Fenner (Eds.) 2020

72 Heinrich Bergstresser „Ein Land als Beute. Staat, Gesellschaft und Banditentum in Nigeria“, in: *iz3w*, Ausgabe 389 Schwerpunkt „Verbrechen lohnt sich – Rackets und Bandenherrschaft“, März/April 2022, S. 33-35

73 Deneault 2021, S. 108

Autokratische Rackets der „Staatsvereinnahmung" sind seit dem Fall der Mauer exemplarisch für die Transformation der sogenannten Schwellenländer. Sie entwickelten sich in Russland, der Türkei, Indien, Brasilien und Südafrika. In Südafrika konnte das Zuma-Gupta-Racket zwischen 2009 und 2018 den Staat um eine Billion Rand ausplündern mit dem Rückhalt einer funktionierenden Beutegemeinschaft im ANC.[74] Die „Schwellenländer"-Rackets wurden in diesen Transformationsphasen von den großen westlichen Beratungsgesellschaften und dem IWF beim neoliberalen Umbau unterstützt und bedrängt. Insbesondere am Beispiel Südafrika wird deutlich, wie die „Staatsvereinnahmung bzw. Staatsplünderung" auf kolonialistische und imperialistische Traditionen der Ausbeutung aufbauen konnte. Eigentlich kann heute zunehmend die offene oder verdeckte Racket-Praxis weniger regional nach „Varieties"[75] unterschieden werden, als nach der jeweiligen Stellung in der globalen Ökonomie und ihrer Einbindung in die Wertschöpfungsketten.

Dabei haben sich bestimmte Rollen bei der Unterstützung korrupter Rackets in der Hierarchie der globalen Ökonomie ergeben: von dubiosen Finanzplätzen (Singapur, Philippinen) über Steuerparadiese (Cayman, Panama, Niederlande etc.) bis hin zu Asylplätzen für reiche Kriminelle aus zerstörten Rackets (wie Russland oder Dubai).

Die USA, als größte und dominante Ökonomie der Welt, ist förmlich erhaben über diese hierarchischen Abstufungen. Ihre Akteure sind gewöhnlich „Oben" im Finanzmarktgeschehen, in den oberen Etagen der internationalen Organisationen, der Beratungsindustrie, dem Plattformkapitalismus der IT-Giganten und natürlich militärisch. Prinzipiell herrscht dort immer noch die Elite der WASP (*White-Anglo-Saxon Protestant*). Sie verdichtete sich als *Super Rich* im Neoliberalismus zur festen Oligarchie mit der üblichen Vernetzung zum Wall-Street-System. Selbst der ehemalige US-Präsident Carter konstatiert: „Now it's just an

---

74 Andrea Böhm in der *Zeit* vom 18. Februar 2021: https://www.zeit.de/politik/ausland/2021-02/korruption-corona-pandemie-mutation-suedafrika-kenia-african-national-congress; abgerufen am 22.04.2021

75 Hall/Soskice 2001

oligarchy, with unlimited political bribery being the essence of getting the nominations for president or to elect the president. And the same thing applies to governors and U.S. senators and congress members."[76]

In der deutschen Geschichte haben Korruption, Elitekriminalität und oligarchische Strukturen besondere Determinanten, die föderal bedingt sind und traditionell in der scheinbar pluralistischen Gestalt der informellen Kartelle, Korporationen und Zünfte ihre Kontinuität bewiesen. Deutsche Politik hat sich im feudalen Zeitalter und noch in der bürgerlichen Epoche schwer damit getan, einen allgemeinen politischen Bezugspunkt als „Gesamtstaat" außerhalb dominanter Interessengruppen zu finden.[77] Im Grundgesetz wird diese Tradition in besonderen Autonomierechten der Kirchen und Tarifpartner (Gewerkschaften und Arbeitgeberverbände) bis heute deutlich. Darin drückt sich ein subtiles, normatives Diktum der Zentralstaatsabgewandheit aus. Es zeigt sich an den enormen Anpassungsleistungen ehemals kartellierter Kapitalfraktionen in den fünfziger Jahren, wie es in der Jubiläumsfestschrift vom Bund der Deutschen Industrie offen bekundet wurde.[78]

Deutschland ist weniger ein Land der Alltagsbestechung durch kriminelle Organisationen. Selbst auf mittleren Verwaltungspositionen konzentrieren sich die Korruptionsfälle lediglich auf die Kommunen und dort primär auf Geschäfte zwischen Baufirmen und Baustadträten oder Bürgermeistern. Weit bedeutender sind die „legalen" Spekulationen von Kommunen und Städten auf den internationalen Finanzmärkten, durch die Steuergelder in Millionenhöhe „verbrannt" wurden. In Deutschland wird traditionell auf hoher, politischer Ebene

---

76 Jon Schwarz am 31. Juli 2015 in *The Intercept*: https://theintercept.com/2015/07/30/jimmy-carter-u-s-oligarchy-unlimited-political-bribery/; abgerufen am 11.08.2020

77 Häufig wird diese fehlende gesamtstaatliche Reformbereitschaft auch als „verantwortungslose Politik" bezeichnet.

78 Dort heißt es: „In den 1950er Jahren fremdelte der BDI noch mit der Sozialen Marktwirtschaft. Aufgrund der Erfahrungen aus der Vorkriegszeit zweifelte der BDI an der Stabilität einer Wettbewerbsordnung, in der Kartelle verboten waren.": https://bdi.eu/artikel/news/100-jahre-dachverband-der-gesamten-deutschen-industrie/; abgerufen am 11.08.2020

bestochen, begünstigt, gekauft, geklaut und veruntreut.[79] So hat sich das „Deutsche Reich" über hunderte von Jahren in seinen komplexen, quasi-föderalen Herrschaftsstrukturen erhalten. Kein Kaiser dieses mitteleuropäischen Imperiums wurde ohne vorherige Bestechung oder Dotation der Kurfürsten gewählt. Zu Beginn der Neuzeit erlangte in noch ähnlicher Form der sogenannte „Reptilienfonds" vom Reichskanzler Bismarck Berühmtheit. Die Grundlagen der Kartellierung und Verflechtung zwischen „Wirtschaftskapitänen" wie Krupp und Siemens zum politischen Führungspersonal wurden in dieser Zeit gelegt. In der Bundesrepublik firmierten diese engen Beziehungen und Begünstigungen unter dem Begriff der „Landschaftspflege". Mit den großen Skandalen der 80er Jahre bröckelte dieses System, bis es schließlich in der „CDU-Parteispendenaffäre" erodierte.[80] Damit waren keinesfalls die Begünstigungsstrukturen der Parteispender aus der Welt geschafft, sie bekamen nur eine andere Gestalt mit der *Revolving Door.* Politik wurde zum „Big Business in a winner take all neo-liberal market".[81] Die CDU-Maskenaffäre in der Corona-Zeit ist wiedermal ein Beispiel für dieses *Business* zwischen Politik und Wirtschaft.

Racketstrukturen haben sich in Deutschland von den Kartellen, Konzernen und Banken spätestens seit der Krise von 2008 auf profitable Netzwerkstrukturen aus Finanzinstituten, PR-Agenturen, Rechtsanwaltskanzleien, Wirtschaftsberatern, Medienmanagerinnen und nach der *Bologna*-Reform auf Lehrstühle und Stiftungen gestützt. Die Wechsel von politischem Personal in diese Bereiche und den verbliebenen und neuen Strukturen der „Deutschland AG" sind Beispiele für die deutsche *Revolving Door.*

Die Analyse der sogenannten „Deutschland AG" zeigt die Vernetzungsdynamiken der herrschenden Klassen anhand der Überschneidungen von Aufsichtsratsmandaten. Noch in den

---

79 Traditionell steht hierfür das Verteidigungsministerium, das immer wieder mit Korruptionsskandalen konfrontiert ist (Lindemann 2005).

80 Lindemann 2005

81 Matthew D. Rose 2020: Germany: Liberal Democracy is Rotting from its Core; unter: https://braveneweurope.com/mathew-d-rose-germany-political-corruption-in-the-age-of-neo-liberalism; abgerufen am 11.08.2020

90er Jahren trafen sich zum Beispiel die Vorstandsvorsitzenden der Mannesmann AG und der Dresdner Bank 12-16mal im Jahr in verschiedenen Aufsichtsräten.[82] Die „Ego-Netzwerke der Deutschland AG" besaßen im Nachkriegsdeutschland eine lange Kontinuität, ebenso wie in den USA das *Old Boys Network* und in Frankreich das *Pantouflage*-System für personelle, „männliche" Kontinuität und Komplizenschaft sorgt. Seit der letzten Finanzkrise 2008 sind enorme Verschiebungen dieser elitären Netzwerke bemerkbar, nachdem sich nun fast vollständig die alten *Inner Circle* in den westlichen Demokratien aufgelöst haben.

Ihre Auflösung setzte aber schon früh in verschiedenen Schüben durch Liberalisierungen der Märkte gegen Kartellverträge, durch die Privatisierung von Staatseigentum und die globalen Wirtschaftsverflechtungen ein und kam durch Maßnahmen nach der Finanzkrise 2008 zum Erliegen. Damit haben die personellen Überschneidungen von Aufsichtsratsmandaten nachgelassen und große institutionelle Anleger – die Vermögensgesellschaften, Schattenbanken und Fonds – wurden Hauptanteilseigner der börsennotierten Konzerne in Deutschland.

Die Nationalstaaten haben sich in den letzten Jahrzehnten enorm verändert und bezüglich neoliberaler Standards ebenso angepasst, wie sich die Praxis der Rackets angeglichen hat. Staaten müssen im neoliberalen Zeitalter primär Vertragsrechte sichern, die dynamischen Veränderungen von Rackets und Beutegemeinschaften rechtlich begleiten und den Maximen der internationalen Akteure vorbehaltlos folgen. Ihre Souveränität hat im 21. Jahrhundert gelitten. Viele politische Entscheidungsprozesse wurden seinem Legitimationsraum durch internationale Organisationen und private Schiedsgerichte entnommen. Die ehemals konstatierte „Kolonisierung des Staates"[83] hat sich zu einer Parzellierung seiner Souveränitätsaufgaben entwickelt. Der Staat ist nur noch partiell eine Arena der Interessenpolitik,

---

82 Paul Windolf 2010: Aufstieg und Auflösung der Deutschland AG, 1896–2010, S. 19: https://www.uni-trier.de/fileadmin/fb4/prof/SOZ/APO/Windolf/DeutschlandAGFebr14.pdf; abgerufen am 11.08.2020

83 Scharpf 1991

vielmehr tritt das racketmäßige „Interesse vor dem Staat“[84] als „Off-Shore-Souveränität“ in den Vordergrund.

Auf die Frage, welche Veränderungen Legitimation und Souveränität im 21. Jahrhundert erfahren haben, bietet keine zeitgenössische Staatstheorie eine plausible Antwort. Die Debatten um Postdemokratie[85] nähern sich zwar der Frage der Legitimation und parzellierter Souveränitätsräume. Doch letztere werden inzwischen mit parzellierten *Governance*-Ansätzen[86] reflektiert, aber eine kohärente Theorie existiert nicht. Vielleicht ist aber der liberal-demokratische Nationalstaat auch ein historisches Ausnahmemodell und parzellierte, racketähnliche Souveränitätsräume sind weitaus eher der politische Normalfall in der Staatsgeschichte.[87] Wie dem auch sei, Souveränität und Legitimation haben immer einen Klassenbezug, der sowohl in einer Staats- als auch in einer Rackettheorie im Mittelpunkt stehen muss, solange der Anspruch besteht, einen Beitrag zur Kritik der politischen Ökonomie zu leisten.

Klasseninteressen waren im fordistischen Staat der „verwalteten Welt“ deutlicher institutionalisiert als im neoliberalen Staat. Letzterer hat die kollektiven Intermediäre der Interessenpolitik geschwächt und ausgegrenzt. Trotzdem existieren noch korporatistische Relikte, die Klasseninteressen mal mehr, mal weniger erfolgreich vermitteln. Nicht nur die politischen Kräfteverhältnisse, auch die institutionellen Voraussetzungen für Interessenpolitik haben sich verändert.

Für die materialistische Staatstheorie in der Tradition von Gramsci und Poulantzas[88] stehen die Klassenverhältnisse im Mittelpunkt. Sie erhebt den Anspruch einer „Kritik der politischen Ökonomie“, ist aber fokussiert auf den formalen Nationalstaat der „verwalteten Welt“. Deshalb besitzt auch sie Defizite bei der Betrachtung entpolitisierter Staatsstrukturen im neoliberalen Zeitalter. Der von Sparzwang und Bürokratieabbau geprägte

84 Kirchheimer 1964

85 Crouch 2008

86 Vogl 2015

87 Reinhard 2000

88 Poulantzas 1978

Staat hat seine strategischen Zentren in Beraterindustrien privater Aushandlungsprozesse ausgelagert. Die bedeutende Veränderung der Souveränität würde einen prominenteren Platz in den Annahmen der materialistischen Staatstheorie benötigen, als diese beiläufige Feststellung: „Was ›Staat‹ ist, nimmt immer stärker öffentlich-private Mischformen an.“[89]

Die materialistische Staatstheorie versteht den Staat als „Verdichtung sozialer Kräfteverhältnisse“. Er besitzt gegenüber der Gesellschaft eine „relative Autonomie“ und bleibt damit ein uneindeutiger „Körper“ (Hobbes), in dem sich soziale Verhältnisse abbilden. Dem liegt eine Auffassung von Interessenpolitik zugrunde, die schwach wirkt. Denn als kontinuierlich „verbündete“ Beutegemeinschaft artikulieren im Neoliberalismus oft die herrschenden Klassen komplizenhaft die *verzerrten* Interessen ihrer betrieblichen Akteure im politischen Prozess.[90] Dieses Phänomen kann die materialistische Staatstheorie nicht hinreichend erklären. Sie differenziert ihr interessenpolitisches Dogma nach konkurrierenden Kapitalfraktionen und Machtblöcken, die Bündnisse eingehen und historische, hegemoniale Formationen bilden. Das ist zu unkonkret und wird weder klassenübergreifenden, widerspenstigen Affekten in der Gesellschaft, quasi-staatlichen Komplizenschaften in Rackets, noch der Struktur und Eigendynamik von Beutegemeinschaften gerecht. Diese Konstellationen sind zwar alle von den durch Rackets geprägten herrschenden Klassen und ihrer Kapitalverwertungslogik dominiert. Aber sie ist von einer Dynamik geprägt, die sich weniger durch Kämpfe und Konkurrenzen beschreiben lässt, als durch die politische Praxis im Racket-Muster.

Die materialistische Staatstheorie determiniert jedoch die Position der „herrschenden Klassen“ im kapitalistischen Staat plausibel als strategische Struktur. Aber weil sie allein die „politische Form“ auf den formalen Staat fokussiert, muss sie sich auch bei dieser Betrachtung den Vorwurf gefallen lassen nicht

---

89 Hirsch 2001, S. 121

90 In Fragen der Klimapolitik und Industriepolitik wird diese Bündniskonstellation immer wirkmächtiger. Inzwischen wird schon salopp argumentiert, die Transformationskonflikte werden die Klassenkonflikte ablösen (vgl. Dörre 2020).

über das „Staatsableitungstheorem“ hinaus gekommen zu sein.[91] Sie verkennt, dass die „politische Form“ nicht allein im institutionellen Gefüge des formalen, liberal-demokratischen Nationalstaats angelegt ist, was uns neoliberale Privatregime und mafiöse Strukturen ständig vor Augen führen. Die „politische Form“ ist heute mehr denn je im Racket-Muster angelegt. Hirsch spricht diese Verschiebungen an, aber integriert sie nicht entsprechend ihrer Tragweite in die Staatstheorie:

> „Das heißt, Kapital- und Finanzmärkte und deren zentrale Akteure (vor allem die ›starken‹ Staaten und die internationalen Unternehmen) bestimmen mittels der Wirksamkeit ökonomischer Mechanismen in einer quasi ›entpolitisierten Weise‹ und relativ unabhängig von formalisierten politischen Institutionen und Entscheidungsprozessen wesentliche Inhalte einzelstaatlicher Politik.“[92]

Wie sich die herrschenden Klassen in diese entpolitisierten Räume und die Privatisierungsprozesse einbetten, bleibt ungeklärt. Das liegt an der Strukturfixierung, die schon diverse Klassentheorien prägt. Sie beschreibt lediglich verschiedene Bourgeoisien, Fraktionen und Blöcke und wird dabei nicht der Dynamik der Rackets, ihrer Praxis in den herrschenden Klassen gerecht.[93] Zudem erscheint es im refeudalisierten Neoliberalismus nicht ausreichend, Klassenverhältnisse ausschließlich auf die historisch-jungen, formalen Nationalstaaten zu beziehen. Max Webers Staatsdefinition des „Monopols physischer Zwangsgewalt“ kann zum Beispiel nicht die zeitgenössischen Zwangsgewalten von Unternehmensmilizen in Rohstoffländern wie dem Kongo erklären. Die Monopolisierung von Staatsgewalt bezieht sich auf eine historische Ausnahmesituation in der Tradition des absolutistischen Staates. Die „politische Form“ endet nicht in formalen Institutionen und Apparaten. Auch außerhalb von ihnen können sich herrschende Klassen und ihre Imitationen Souveränitätsräume aufbauen.

---

91 Deutschmann 2019

92 Hirsch 2001, S. 122

93 Vgl. Hirsch/Kannankulam 2009, S. 204

Man kann der materialistischen Staatstheorie nicht den Vorwurf des Ökonomismus machen, der im Zeitalter der *Oikodizee*[94] in einem Lehrbuch-Streit ausartet. Es ist das soziologische Defizit einer „Theorie der politischen Praxis der herrschenden Klassen". Der Staat als Verdichtung sozialer Kräfteverhältnisse erscheint nicht mehr plausibel.

Im materialistischen Sinne muss die widersprüchliche Vermittlung von Klasseninteressen und den Interessen der Beutegemeinschaften für jede historische Staatsform (ob Bonapartismus oder selektiver Korporatismus) analysiert werden. Sie macht die Dynamik der Rackets deutlich, mit der auch abweichende Staatsphänomene (*failed states*) identifiziert werden können. Auch Gerechtigkeitsansprüche, wie sie sich im Theorem des „ungeschriebenen Gesellschaftsvertrags" und in den Verhältnissen der Beutegemeinschaften untereinander manifestieren, sind wesentlich evidenter für die Analyse und Kritik, als simplifizierende Hegemoniekonzepte mit „historischen Blöcken". Kapitalismuskritik ist die Kernkritik an Ungleichheit, Ausbeutung und ökologischen Katastrophen. Die historischen Perspektiven dieser Kritik auf Staatsbildung, das Tauschverhältnis und soziale Ausgrenzung bleiben solange theoretisch wacklig, wie die Begriffe Klassenfraktion, Machtblock und sozialer Kampf nicht annähernd in ihrer Praxisdimension konkretisiert werden.

Das Racket als Ordnungs- und Handlungsmuster der herrschenden Klasse kann diese verkürzte Analyse erweitern. Die Dynamik der herrschenden Klassen, ihre Hierarchien und Abhängigkeitsverhältnisse erscheinen dabei ebenso von Bedeutung, wie ihre para-staatlichen Funktionen. Denn funktionale Machtverschiebungen und die Erneuerungen der Agenten- und Klientelstrukturen können nur ansatzweise mit „Kämpfen" zwischen Klassenfraktionen plausibel beschrieben werden.

Das Kapital drückt ein Verhältnis aus, das sogleich Kooperations- als auch Ausbeutungsverhältnis ist, bzw. Komplizenschaft und Beutegemeinschaft. Hierzu benötigt es passende Rechts- und Politikformen, die es sich größtmöglich selber setzt, um die Wertform in ein dynamisches Feld einzubetten. Die Wertform

94 Vogl 2010

ist der Dynamik insbesondere in der neoliberalen Finanz- und Plattformindustrie ausgesetzt, die sich aufgrund von ungezügelten Affekten in exorbitanten Börsenkursen niederschlägt.[95] Sie benötigt lediglich Vertrags- und Eigentumsrechte als Rechtsform, was zur Folge hat, dass eine enorme Kreativität für neue Geschäftsmodelle (im eigentlichen Sinne Marktmodelle) entwickelt wird. Daraus entsteht die neue „Distributivkraft"[96] der proprietären Märkte, die sich dadurch ausweist, dass Betriebe samt ihren Belegschaften zu schlichten Waren auf den Finanzmärkten werden. Sie erhalten einen höheren Wert, wenn sie rein „privat-regiert" ohne Betriebsräte geführt werden.[97] Dadurch wird die Beutegemeinschaft ihrer demokratischen Ansprüche entbunden. Der Finanzkapitalismus hat den Distributivcharakter in der kredit- und fondsbasierten Bewertung von Betrieben an der Börse schon so weit getrieben, dass es nicht mehr ausschließlich für die Spekulation heißt: Ein Unternehmen mit Börsenwert, sondern „ein Börsenwert mit angehängtem Unternehmen", wie es im Frühjahr 2021 am *Gamestop-Hype* abzulesen war. Hier erklären profitierende Netzwerke der *Shortseller* und *Fonds* die Logik der Wertform aufgrund spekulativer Informationen und Affekte.

Finanzmärkte benötigen kaum eine Politikform außerhalb einer Krise oder in Fragen der Berichtsauflagen. Sie implementieren Politik in ihre marktgängigen Instrumente der Ratings und Selbstverpflichtungen. Selbst die Wertform, das Mittel zur Ausbeutung wird in ihnen zur Ware. Gerade in Zeiten des neoliberalen Finanzmarktkapitalismus zeigt sich, wie sich die „relative Autonomie der Staatsapparate" selber relativiert durch Einflüsse von Agenten der herrschenden Klasse. Das alte Bild vom Staat als „institutionalisierter Räuberbande", als Ausdruck seiner ersten gesellschaftlichen Natur, hat sich so auf fast völlig ungebundene Rackets auf den Finanzmärkten übertragen. Der Staat wird dabei nicht nur Beifang und Beute der Märkte, son-

95 Vogl 2021

96 Pfeiffer 2021

97 Das macht sich an Indizierungen fest. Zum Beispiel bewertet MSCI Unternehmen besser, wenn sie ein „autonomous board", also einen mitbestimmungsfreien Aufsichtsrat besitzen.

dern auch Kolonie und Dienstleister von Sicherheitsmaßnahmen für dominante Rackets.

Eine im Neoliberalismus übliche Praxis der Rackets ist die Ausbeutung staatlicher Haushalte, ob über *Private-Public-Partnership*, die Übertragung diverser Lizenzen (Medien, Telekommunikation, Infrastruktur) und von Schürfrechten oder schlichtweg die Privatisierung des „öffentlichen Tafelsilbers". Auch hierfür bietet die neoliberale, neo-institutionalistische Theorie ein Konzept mittlerer Reichweite, das sich wie andere Konzepte, wie ein Praxisleitfaden für Rackets liest. Der *Rent Seeking*-Ansatz wurde zur Eingrenzung der Bereicherungspraxis spezifischer Gruppen, die Staatskassen plündern, entwickelt.[98] Das Theorem beschreibt die Praxis dominanter Eliten im und vor dem Staat.[99] Es bezieht sich auf das Verhalten und die Stellung von Akteuren, die „staatliche Eingriffe in die (marktwirtschaftliche) Allokation"[100] herbeiführen, beeinflussen und sich an den dadurch abfallenden Renten bereichern. Die Rentenallokation ist dabei über Eigentums- und Verfügungsrechte geregelt. Sie schafft auch besondere Spielräume zur privaten (korrupten) Rentenaneignung.

Das *Rent Seeking* meint somit den Kampf von Gruppen – also Rackets – im Staat um diese spezifischen Rechte. Die neoliberale Institutionenökonomie nennt *Rent Seeking* den „unproduktiven Kampf um einen Kuchen von fester Größe" und spricht von einer *Rent Seeking Society*, worüber die private Aneignung öffentlicher Gelder zu einem allgemeinen gesellschaftlichen Prinzip erhoben wird. Im globalisierten Kapitalismus bezieht sich *Rent-Seeking* nicht nur auf einen Staat. Mit der Liberalisierung der Finanzmärkte sind die Möglichkeiten unendlich:

> „Es ist dem Finanzsektor gelungen, eine antistaatliche Ideologie zu mobilisieren, mit deren Hilfe er sich das Allgemeingut aneignete und die regulierende Gesetzgebung unterband. Man wirft der staatlichen Planung vor, von Natur aus bürokratisch, verschwenderisch und oftmals auch korrupt zu sein – als wäre die Geschichte der Privatisierung nicht voll von korrupten Insidergeschäften und

---

98 Vgl. die Beiträge in: Buchanan/Tollison/Tullock 1980

99 Mueller1989

100 Pritzl 1997

> Intrigen, um an Rechte zu gelangen, die eine Rentenextraktion ermöglichen und die Wettbewerbsfähigkeit der betroffenen Volkswirtschaften erheblich schmälern."[101]

Der *Rent-Seeking*-Ansatz stellt dem „freien" ökonomischen Markt einen informellen, politischen Markt gegenüber, auf dem nicht Güter, sondern vorrangig Rechte von den maßgeblichen Rackets gehandelt werden, die sich darüber Beutegemeinschaften sichern. Die Renten werden aber nur auf dem ökonomischen Markt erzielt, weshalb Verfügungsrechte und informelle Privilegien durch den Staat als Vorrausetzung geschaffen werden müssen. Gleichwohl unterscheiden sich die Möglichkeiten zur Aneignung der Renten auf den Märkten erheblich. Wenn sie auf dem politischen Markt lukrativer erscheinen als auf den ökonomischen Märkten, wird das *Rent Seeking* in den Staatsapparaten entsprechend zunehmen. Dieser Effekt konnte über empirische Analysen osteuropäischer Transformationsgesellschaften dargelegt werden.[102] Die informelle Gestalt des politischen Marktes in diesen Ländern begünstigte das Entstehen von staatszentrierten Oligarchien, die keine lukrativen Investitionsmöglichkeiten auf den Binnenmärkten erkannten. Analoge Strukturen bestehen auch in vielen Ländern Lateinamerikas, in denen die Staatsapparate von mächtigen Gruppen durchsetzt sind, deren politisches Hauptinteresse in der eigenen Bereicherung besteht. Die extremsten Varianten des *Rent Seeking* oder auch der „Staatsvereinnahmung" werden als Kleptokratie[103] bezeichnet, womit letztlich die Herrschaft von Räuberbanden in *failed states* gemeint sind. Rackets, die *Rent Seeking* betreiben, müssen auf unterschiedlich gestaffelten Ebenen enge Beutegemeinschaften mit unterschiedlichem Klassencharakter bilden. Sie sind häufig an Parteien, Familien oder sogenannte ethnische Gruppen gebunden, die materielle Privilegien genießen. Diese Beutegemeinschaften können dabei ebenso zerfallen, wie die „Kern"-Rackets selber.

Der *Rent Seeking*-Ansatz thematisiert unter neoliberalen, ökonomietheoretischen Gesichtspunkten den „Staat als Beute".

---

101 Hudson 2016, S. 64
102 Pritzl 1997
103 Rose-Ackerman 1999, S. 38

Damit wird die Vereinnahmung staatlicher Haushalte prägnant hervorgehoben. Jedoch kann der Ansatz wenig über die Bedingungen der Integration „korrupter“ Eliten in den staatlichen Apparaten aussagen, weil er sich allein auf Vertragsverhältnisse bezieht.[104] Denn auch die „Politikform“ ist hiervon tangiert, wenn sie von Unternehmern aus strategischen Gründen mit Bestechungsgeldern vereinnahmt wird. In diesem Beutesystem kommt der privilegierte, kapitalistische „Kampf“ *mit* dem Surplusprodukt am reinsten als allgegenwärtiges *Profit Seeking* zur Geltung, das die extremste und kurzfristigste Variante des *Rent Seeking* beschreibt, weil es sich nicht langfristig auf die Erlangung von Rechten bezieht.

Die *Rent Seeking*-Theorien sind ein Praxisleitfaden für neoliberale Rackets, der sich allein und unmittelbar auf die Auslegung der Eigentums- und Vertragsrechte bezieht. Sie garantieren die nötige Verlässlichkeit für selbst illegitime Interaktionen. Die „mächtige Clique der großen Anwaltskanzleien“[105], die im Finanzkapitalismus weltweit tätig sind, unterstützt sie dabei. Diese Kanzleien bevorzugen das englische *Common Law* oder das Recht des Staates New York. Sie konnten Rackets in Fragen der Steuerbegünstigungen beraten, in Steueroasen lenken und Steuerbetrug fördern, der im Vergleich zu Zeiten des Fordismus exorbitante Ausmaße annimmt. Die Aufdeckung der *Panama Papers, Paradise Papers und Pandora Papers* hat diese maßgeblichen Seilschaften der engen Beutegemeinschaften und ihrer Rackets zwischen Politik, Wirtschaft und Kulturindustrie öffentlich gemacht. Sie bilden die modernen Wirtssysteme im Establishment, die sich in Krisenzeiten immer neuformieren müssen, weil es in der Regel nicht lange dauert, und Konflikte um Quasi-Souveränitäten wieder in Erscheinung treten. Der „Tönnies-Skandal“ während der Corona-Krise in Deutschland hat die Loyalitätskonflikte von Politikern im Tönnies-Racket

104 Die Anzahl dieser Verträge, die Ministerien mit Beratungsgesellschaften und anderen Unternehmen unterzeichnet haben, sorgt immer wieder für Skandalisierungspotenziale (Lindemann 2005).

105 Pistor 2019, S. 54 f.

unmissverständlich offengelegt.[106] Sie waren unsicher, ob sie auf das *falsche Pferd* gesetzt haben, weshalb das Racket aufgekündigt wurde.

Wenn die herrschende Klasse sich unverhohlen als System der Rackets präsentiert, muss die Analyse der Klassenkämpfe die politische Bedeutung der Beutegemeinschaften in den Mittelpunkt stellen. Sie muss die subtile Praxis der herrschenden Klassen offenlegen und ihre Gier stoppen.[107] Das Eigentumsprivileg ist Grundlage der Gier, denn es konstruiert die Legitimation des Rackets. Es impliziert das Recht zur Bildung einer hierarchischen Beutegemeinschaft.

Die kritische Analyse der herrschenden Klassen sollte sich deshalb nicht auf einen monolithischen Block aus Eigentümern verschiedener Kapitalfraktionen konzentrieren, in dem Interesse, Herkunft und Moral homogen wären. Vielmehr ist ihr Verhältnis zu den Beutegemeinschaften von Interesse. Es bedingt die Handlungsräume enger Beutegemeinschaften und fördert Komplizenschaften über Kapitalfraktionen hinaus. Als alleiniger regulativer Maßstab gelten heute die global geschützten Privilegien der Eigentums- und Vertragsrechte. Das ist besonders gut ablesbar in der Entwicklung des Finanzkapitalismus.[108] Er kennt nur die engen, netzwerkartigen Beutegemeinschaften, die interessenpolitisch diametral zu den Beutegemeinschaften der Beschäftigten stehen.

---

106 Vgl. Josephin Hartwig, Deshalb verdienen Politiker in der Wirtschaft so viel Geld, auf *T-Online* vom 3. Juli 2020, unter: https://www.t-online.de/nachrichten/deutschland/gesellschaft/id_88169676/toennies-eklat-deshalb-scheffeln-politiker-in-der-wirtschaft-so-viel-geld.html; abgerufen am 18.05.2021

107 Vgl. die Analysen von Piketty (2020) über besitzende Klassen vor und nach der französischen Revolution.

108 Hudson 2016, Pistor 2019

5. Rackets und Netzwerke

Die herrschenden Klassen sind von funktionalen Abhängigkeiten der Komplizenschaft geprägt und dadurch mit unterschiedlichen Akteuren in unterschiedlicher Intensität in abgeschlossenen Foren verbunden. Die Beziehungen in diesen exklusiven Arenen führen zur politischen Praxis der herrschenden Klassen im Racket-Muster. Für sie bestehen landläufige Bezeichnungen wie Filz, Klüngel, Cliquen oder neudeutsch *Hub*. Nicht nur das Racket gibt ihnen einen Namen, auch der moderne, neoliberale Diskurs der Politikwissenschaften hat einen Begriff für sie parat: *das Netzwerk.*[1] Der Netzwerkbegriff wird verwendet für Arenen, in denen formale und informelle Politikprozesse verschmelzen. Er passt ins Zeitalter der „entthronten Politik".[2]

Die Netzwerkforschung hat eine enorme Popularität in den letzten Jahrzehnten erlangt.[3] Das subversive, netzwerkartige *Rhizom* von Deleuze und Guattari[4] wurde gewissermaßen großzügig übernommen und besitzt heute seine Doppeldeutigkeit in der Konzeption informeller Verflechtungen zwischen Politik, Wirtschaft und selbsternannten Experten, oder auch zwischen Prinzipal, Agent und Klient. Netzwerke werden in den Wirtschaftswissenschaften als Modelle für optimierte Steuerungsstrukturen zur Politikgestaltung konzipiert.[5] Deshalb sind sie auch für die Parteienforschung in Bezug auf effiziente Entscheidungsverfahren im postkorporatistischen Zeitalter, in

1 Im deutschsprachigen Raum wurde der Netzwerkbegriff erstmals durch Messner (1995) im zivilgesellschaftlichen Kontext populär.

2 Slobodian 2019

3 Peters 1998

4 Deleuze/Guattari 1977

5 Jansen 1995, S. 95

dem Großverbände an Bedeutung verlieren, von Interesse.[6] Für die Präzisierung des Racket-Musters sind Netzwerkanalysen äußerst relevant, weil sie sich mit der Untersuchung von Tauschinteraktionen auf konstruierten politischen Märkten und ihren ideologischen Vorbedingungen beschäftigen.[7] Dabei kommen oftmals dieselben Vernetzungstechniken zum Vorschein, wie in klassischen Komplizenschaften „krimineller Vereinigungen“[8].

Netzwerke sind selten demokratisch oder gesellschaftlich legitimierte Verhandlungsarenen wie die korporatistischen Gremien des fordistischen Zeitalters. Sie setzen einen Grundkonsens voraus, trotz unterschiedlicher Identitäten und Interessen. Das macht sie zu elitären, abgeschotteten Herrschaftsarenen, in denen die verschiedenen Absichten und Motive der Akteure oft nur verdeckt zutage treten. Netzwerke sind das individualistische Gegenmodell zu den kollektivistisch geprägten Kartellen des Korporatismus. Sie beeinflussen und beeinträchtigen die staatliche Souveränität mit ihren privaten Interessen in subtiler Form, wie es zum Beispiel bei *Public-Private-Partnership*-Projekten in Erscheinung tritt.

> „Im Gegensatz zu Körperschaften, die ihre Festigkeit aus der hierarchischen Einfügung aller Teile in das große Ganze beziehen, funktionieren Netzwerke als lose Strukturen, die sich mit großer Beweglichkeit bilden und wieder auflösen können; sie beharren nicht auf einem gemeinsamen kollektiven Wesen aller Beteiligten, sondern sind veränderlich und vielgestaltig; sie verschmelzen ihre Elemente nicht zu einer höheren Einheit, sondern verbleiben sozusagen in einem Zustand glücklicher Heterogenität, statt sich an einem Zentrum auszurichten.“[9]

Viele Netzwerkanalysen übernehmen die unternehmerischen Motive ihres Untersuchungsfeldes vorbehaltlos und ignorieren gesellschaftliche Bezüge.[10] Weder der Klassencharakter ist Thema, noch die soziale Legitimität ihrer Praxis. Allein die Existenz „von wohldefinierten Eigentums- und Verfügungsrechten (*pro-*

6 Zum Beispiel: Lipset/Rokkan 1990 und Marin/Mayntz 1991

7 Della Porta/Vannucci 1999

8 Chambliss 1978

9 Koschorke et al. 2007, S. 385

10 Wolff/Neuburger 1995

perty rights)" steht für die gegenseitige Nutzenmaximierung im Vordergrund. Sie ist auch charakteristisch für *Corporate Crime*. „Ökonomischer Sinn und Zweck der Bildung von Netzwerken ist der gegenseitige Wunsch, spezifische Vorteile der Partner für jeweils eigene Zwecke mitnutzen zu können."[11]

Neoliberale Netzwerkanalysen leugnen den strategischen Handlungsrahmen privilegierter Komplizenschaften nicht, sie verdecken ihn lediglich mit spieltheoretischen Modellen. Gewissermaßen wird mit der Spieltheorie das Racket-Muster verharmlost. Der ideologische Opportunismus der Akteure wird vorausgesetzt und ist von *soft skills* (z.B. des Habitus) geprägt. Netzwerke sollen durch vorab definierte Ziele erfolgreicher arbeiten, um partielle Interessen zu amortisieren und Meinungsführerschaften zu begünstigen. Damit ist ihr *Output* kompatibel für hierarchische Organisationen, wie Unternehmen, Ministerien oder internationale Organisationen.[12] Die Vernetzung von Politik, Zivilgesellschaft und Wirtschaft begünstigt dabei die persönlichen Karrierechancen der involvierten Akteure. So entstehen skandalgefährdete, informelle Netzwerke, die man gewöhnlich als Clique bezeichnet. „Clique als Unterbegriff des Rackets – oder gleichbedeutend mit Racket. Regiert wird durch die Cliquen, die Parlamente werden durch sie beherrscht, sei es, dass ihre Vertreter direkt ins Parlament gewählt werden, sei es durch die lobbies."[13]

Informelle Netzwerke wurden schon als *iron triangles* zwischen Kongress, Ausschüssen und Lobbyisten im amerikanischen Regierungssystem analysiert.[14] Walzer beschreibt das gegenseitige Nutzenkalkül in diesen Beziehungsarenen folgendermaßen:

> „Der wirksamste Lobbyismus beinhaltet gleichwohl die Herstellung enger, persönlicher Beziehungen, er beruht auf sozialen Netzwerken und individuell geprägten Freundschaften. Ein guter Lobbyist gleicht mit Charme, Zugang zu bestimmten Kreisen

11 Wolff/Neuburger 1995, S. 90

12 „Schon um die enorme Komplexität des politischen Geschäfts zu reduzieren, sei es unerlässlich, formale Apparate in ein Netz informaler Beziehungen einzuspannen." (Wewer 1991, S. 22)

13 Horkheimer 1988, S. 316

14 Heclo 1978

> und Insiderwissen das aus, was ihm an Argumenten fehlt. Die Argumente, die er tatsächlich vorbringt, werden oftmals weniger mit den aktuellen Problemen als mit der politischen Zukunft des Funktionärs zu tun haben, den der Lobbyist bearbeitet."[15]

Großkonzerne begünstigen am häufigsten in diesen Netzwerken politisches und administratives Personal und profitieren zugleich von lukrativen Aufträgen und (Steuer-)Begünstigungen. Sie versprechen den Wechsel auf einträgliche Posten in der Privatwirtschaft, oder sie platzieren direkt Personal im politischen System. Schon C. W. Mills beschrieb diese Wechsel in seinem Kapitel über die politische Führung:

> „Als gesellschaftliche Gruppe sind die politischen Neulinge, die Regierungsstellen einnehmen und die politische Führung bilden, in irgendeiner Hinsicht der Großindustrie zuzuordnen, der sie als Juristen und Manager dienen oder deren finanzielle Teilhaber sie sind. Sie gehören Cliquen an, in denen sie den Höherstehenden bewiesen haben, daß sie zuverlässige Förderer ihrer wirtschaftlichen, militärischen und politischen Interessen sind. Auch Wirtschaftsführer und Armeegenerale denken an ihre ›alten Freunde‹, genau wie die Politiker."[16]

Der anti-kollektivistische Neoliberalismus hat diese informellen Machtnetzwerke gestärkt. Sie bestimmen maßgeblich den politischen Verlauf, wenn auch häufig nur passiv und im Hintergrund des medialen Geschehens. Sie vorentscheiden darüber, ob wichtige, politische Angelegenheiten in Gerichte oder internationale Organisationen verlagert werden. Die neue Macht der privaten Schiedsgerichte und der Anstieg exklusiver Konzernklagerechte resultiert aus dieser Praxis.[17] Dabei bevorzugen die Netzwerke der Konzerne, ihre mächtigen Anwälte und Manager ausschließlich die zwei „wirtschaftsliberalen" Grundrechte: Vertragsfreiheit und Eigentumsrecht, deren Ausgestaltung der Legislative nach Möglichkeit entzogen werden soll.[18] Die Stärkung dieser

15 Walzer 1999, S. 49

16 Mills 1962, S. 261

17 Florence Schulz, Zahl von Investorenklagen gegen Staaten steigt, auf *Euractiv* vom 18. Oktober 2019, unter: https://www.euractiv.de/section/energie-und-umwelt/news/zahl-von-investorenklagen-gegen-staaten-steigt/; abgerufen am 11.08.2020

18 Pistor 2019, S. 132 ff.

individuell gedeuteten Rechte wurde als libertärer Freiheitsgewinn propagiert. Es sind die heiligen Rechte des *common law*, neben denen nur technokratische Politikgestaltung Bestand hat. Aufgrund dieses gesellschaftspolitischen Vakuums ist es kein Wunder, dass in den letzten Jahren wieder häufiger die Forderung nach einem „neuen Gesellschaftsvertrag" gestellt wird. Der zeitgenössische Primat der Politik hat sich zu einem Primat der wirtschaftsfreundlichen Rechtsprechung verlagert. Die sich größtenteils selbst-regulierenden Finanzmärkte, private Schiedsgerichte und illegitime Steueroasen sind hierfür Indizien. Deshalb sind die großen gesellschaftspolitischen Herausforderungen der Gegenwart, die keineswegs in Netzwerken zu bewältigen sind: die Klimakatastrophe und die Migration, die Achillesfersen des heutigen Politikbetriebs, die der rechten „Reaktion" stets Kampagnenmaterial liefern.

Der Integration in vernetzten Rackets liegen Zwänge zugrunde, die äußerst ambivalent erscheinen, denn häufig entwickelt sich aus Komplizenschaft Loyalität: *selbstgewählte* Gefolgschaft. Die Größe der Netzwerke ist für die Intensität dieser vertrauensvollen Beziehungen und die Höhe des ökonomischen Nutzens relevant. Zwar sinken die Transaktionskosten mit der Ausweitung des Netzwerks, aber auch die Zahl der Beteiligten erhöht sich, womit wiederum der persönliche Nutzen sinkt und die Gefahr der Transparenz und Skandalisierung erhöht. Karstedt beschreibt die komplexen, korrupten, politischen Netzwerke und deren Integrations-Kodex entsprechend:

> „Netzwerke, die sich innerhalb hochrangiger Peer-Gruppen entwickeln, bilden die Basis für jene Formen der Elitekriminalität, die Beziehungen zwischen Organisationen und verschiedenen Bereichen nutzen müssen. Illegale Finanztransaktionen oder Subventionskriminalität involvieren in der Regel mehrere Akteure aus der Wirtschaft, Verwaltung und Politik, die sich durch gegenseitige Verpflichtungen und Absprachen untereinander verbunden wissen. Der gemeinsame Ehrenkodex und die Zugehörigkeit zu einer hochrangigen Gruppe verleihen den Transaktionen die notwendige Sicherheit. Die Vernetzung ermöglicht insbesondere den Zusammenschluss von legalen und illegalen Transaktionen. Die Zugehörigkeit zu hochrangigen Gruppen verleiht darüber hinaus Sicherheit gegenüber formellen und informellen Kontrollen. Häufig vermögen diese Gruppen die Justiz zu beeinflussen. Ihre

> hohen Positionen schützen die Mitglieder gegenüber dem Zugriff der Kontrollinstanzen zumal dann, wenn die soziale Distanz ausgesprochen hoch ist."[19]

Die Loyalität in solchen Netzwerken ist wiederum Ausdruck vom „Interesse vor dem Staat"[20] und weniger als ein „partikulares Interesse im Staat" zu betrachten. Das „Interesse vor dem Staat" macht die „Off-Shore-Souveränität" der Racket-Akteure in diesen Beziehungsnetzwerken deutlich.[21] Granovetter[22] hat mit den Kategorien der „weak ties" und der „embeddedness" die Erfolgsbedingungen dieser Interessenpolitik plausibel charakterisiert. Für Tauschverhältnisse spricht er den „schwachen Verbindungen" (weak ties) eine größere Effektivität im Netzwerk zu, als loyalen Gefolgschaftsbeziehungen in politischen Schutzverhältnissen.[23] Das nicht so intensive Vertrauen in „weak ties" ist deshalb für die Akteure vielversprechender, weil es weniger Konkurrenzdruck impliziert, aber „embeddedness" garantiert. Vertrauen ist Beziehungskapital[24] zur Reduktion sozialer Komplexität, ob in einem legalen oder illegalen Racket bzw. Netzwerk. In der Korruptionsforschung wird es auch als „Scharnier" gegenüber fremden Akteuren hervorgehoben, weil es damit maßgeblich für das Gelingen einer korrupten Transaktion ist.[25] Es ist die Eintrittsbedingung zum Racket. „›Rackets‹ scheinen zu einem Stadium der Gesellschaft zu gehören, wo der Erfolg mehr vom Zugang zu Organisationen und zu technischen Mitteln aller Art abhängt als von besonderen Talenten."[26]

---

19 Karstedt 1999, S. 270

20 Kirchheimer 1964, S. 58

21 „Netzwerke sind informelle Koalitionen von Akteuren, die gewissermaßen hinter den Kulissen die Handlungsbeziehungen in einem bestimmten Politikfeld strukturieren. Man kennt entsprechende Phänomene auch unter den landläufigen Bezeichnungen 'Filz und Klüngel'". (Seibel 1992, S. 342)

22 Granovetter 1973

23 Ein äußerst anschauliches Beispiel für ein aktuelles Netzwerk zwischen Finanzindustrie und Finanzminister ist hier einzusehen: https://www.abgeordnetenwatch.de/recherchen/lobbyismus/finanzlobby-bat-lindner-erfolgreich-um-hilfe; abgerufen am 25.08.2023

24 Luhmann 1973

25 Vgl. Cartier-Bresson 1997

26 Kirchheimer 1964, S. 80

Das Beziehungskapital an Vertrauen drückt sich im Grad der Komplizenschaft aus. Erfolgreiche Geschäfte mit elitären Akteuren erhöhen das Beziehungskapital, denn soziales Kapital hat nur „Bestand und Wirkung ... in dem Feld ..., in dem (es) sich produziert und reproduziert".[27]

Dadurch werden Netzwerke disziplinierende Institutionen, denn sie wandeln Vertrauen zu Loyalität, dem höchsten Stadium der Komplizenschaft. Die Bereitschaft zur Loyalität entspringt aber einem nicht vollständig erkennbaren persönlichen Kalkül. Denn elitäre Netzwerkakteure besitzen in der Regel verschiedene Loyalitäten gegenüber der Rechtsordnung, der Partei, der Organisation, dem Unternehmen oder gegenüber einer sozialen Gruppe (Familie etc.). Sie sind hierarchisch aufgebaut und bringen Primärloyalitäten hervor. „The basis of loyalty that allows for the development of a corrupt exchange varies from personal friendship to party membership."[28]

Organisationsloyalitäten besitzen dabei überwiegend informelle Komponenten, die häufig Übertretungen der formalen Norm begünstigen. Scott kategorisiert die Loyalitätsbezüge in vier „unabhängige Variablen" für seine Untersuchung der amerikanischen *Machine Politics*[29]:

1) Loyalität aufgrund symbolischer Zuschreibungen (Charisma, kulturelles Kapital, Ansehen, Kompetenz), *als schwächste und opportunistischste Form der Komplizenschaft.*
2) Loyalität zur lokalen, regionalen Herkunft oder gegenüber einer ethnischen Zuschreibung, *als spontanste und gefährlichste Form der Komplizenschaft.*
3) Loyalität zur Familie oder gegenüber anderen Kleingruppen (*Peer Groups*), *als emotionalste Form der Komplizenschaft.*
4) Loyalität zur sozialen Klasse (Milieu), *als authentischste Form der Komplizenschaft.*

Dabei bildet die Loyalität zur Organisation (Partei, Verband, Unternehmen) einen Querschnitt der vier Variablen, denen die abhängigen Variablen der „Anreize zur Loyalität" (*Inducements*)

---

27 Bourdieu 1994, S. 194

28 Della Porta/Vannucci 1999, S. 18

29 Scott, 1969

gegenübergestellt werden. Sie sind materieller und immaterieller Art (Geld, Steuerbegünstigungen, Beförderungen, Ansehen etc.).

Eine Besonderheit der Loyalität im Netzwerk ist die konspirativ anmutende Zusammenarbeit der hierarchischen Ebene aus oftmals konkurrierenden Organisationen. Die Bedeutung der mittleren Managementebene wird dabei häufig herausgestellt. Sie übernimmt eine zentrale Funktion, denn dort können Manager bei etwaigen Skandalen leicht ersetzt werden.[30] Karstedt führt hierzu aus: „Hierarchische Gefolgschaftsbeziehungen sind charakteristisch für Unternehmenskriminalität (*corporate crime*), also jene Delikte, für die Organisationen verantwortlich sind. Diese werden zwar überwiegend von Managern der mittleren Ebene ausgeführt, beruhen jedoch auf einem impliziten Einverständnis über die Anwendung illegaler Praktiken zwischen den hierarchischen Rängen."[31]

Die Loyalität der „mittleren Ebenen" dient der Neutralisierung etwaiger Risiken, wie auch in mafiösen, „klandestinen Netzwerken".[32] Aus der gebrochenen Komplizenschaft resultieren oft quasi-souveräne Ansprüche, wie die Verurteilung des Verrats. Gewalt und soziale Ächtung dienen dann als Sanktionsmittel.[33] Deshalb ist Loyalität als Gradmesser der Komplizenschaft im Racket/Netzwerk von enormer Bedeutung.[34]

Die Komplizenschaft in elitären Netzwerken ist also von informellen Normen geprägt, die vielfältig sein können und unterschiedlich auf Klasseninteressen und die Kapitallogik wirken. Politische Interessen sind im Netzwerk lediglich Beifang des konstruierten Tauschs. Wer eine privilegierte Position einnehmen will, muss seine Interessen entsprechend marktgängig

30 Bernasconi 1999, S. 354 – auch der VW-Dieselskandal hat diesen Mechanismus wiedermal bestätigt.

31 Karstedt 1999, S. 269

32 vgl. Arlacchi 1989, S. 230

33 Della Porta/Vannucci 1999, S. 22

34 „Die Loyalität trägt somit zu einer besseren Verteilung der Chancen bei, indem sie die Kosten der Abwanderung erhöht. Dadurch bringt sie die Menschen auf andere, Kreativität verlangende Wege, vor denen sie unter normalen Umständen zurückschrecken würden." (Hirschman 1974, S. 68)

formulieren. Cartier-Bresson sieht demnach fließende Übergänge zwischen den illegalen und legalen Marktkonstruktionen:

> „Durch Politikanalysen, die das Problem der Korruption unter dem Aspekt der sozialen Netzwerke beleuchten, konnte das Konzept der Macht, wie es sich auf dem Korruptionsmarkt darstellt, detaillierter ausgearbeitet werden. Diese Analysen sind vor allem für westliche Demokratien aussagekräftig. Sie beschreiben Korruption als einen von der Gesellschaft reproduzierten Mechanismus, der im Kontext des Staatskonstrukts der jeweiligen Länder gesehen werden muss. Die unterschiedlichen Korruptionsmuster erklären sich bereits aus den Unterschieden im Aufbau der persönlichen Beziehungsnetzwerke, von denen die wirtschaftlichen und politischen Güter verwaltet werden. Um die verschiedenen Formen von Marktmacht analysieren zu können, die auf der Geber- und der Nehmerseite des Korruptionsmarkts zum Tragen kommen, bedarf es einer Untersuchung von Struktur und Form der gesetzeskonformen Netzwerke, die von Intermediären der öffentlichen Politik aufgebaut wurden. Diese wirtschaftlichen, sozialen und politischen Akteure, die Informationen einerseits zur weiteren Verbreitung und andererseits zur Unterstützung der Entscheidungsträger bereitstellen, tauschen sehr unterschiedliche Güter gemäß sozial festgelegter Normen aus. Ihre gesetzeskonformen Netzwerke sind der Ausgangspunkt der geheimen Absprachen, die für die Korruption in den westlichen Demokratien kennzeichnend sind."[35]

Das Netzwerk hatte in historischen Staatsgesellschaften keinen einheitlichen Namen. Es bildete sich in den informellen Einflussstrukturen der parastaatlichen Arenen. Die politische Praxis der mächtigen Netzwerkakteure macht immer die informelle Verflechtung sichtbar. In Zeiten, in denen sich staatliche Strukturen durch Privatisierungen wandeln, wandelt sich auch die Bedeutung und Konstitution der informellen Netzwerke, die jetzt eine bedeutendere Rolle in politischen Prozessen bekommen. „Diese Netze geben Managern heute die Freiheit, Dinge zu tun, die innerhalb der offiziellen Strukturen eines Unternehmens völlig unmöglich wären. Macht entzieht sich in dieser Weise ganz einfach der Wahrnehmung und wird unsichtbar."[36]

---

35 Cartier-Bresson 2001, S. 26

36 Richard Sennett im Interview im *Freitag* am 12. August 2005, unter: https://www.freitag.de/autoren/der-freitag/das-diktat-der-politmanager; abgerufen am 19.10.2020

Nach der Finanzkrise 2008 haben sich die Einflussnetze, insbesondere auf den Finanzmärkten, neu gebildet.[37] Vermögensverwalter wie Blackrock, die jetzt zentrale Positionen als Schattenbanken einnehmen, sind inzwischen derart in ihrer informellen Struktur verhärtet, dass die erneuernde Racket-Dynamik ausbleibt. Sandra Navidi beschreibt die Verhärtung in diesen informellen „Hubs" folgendermaßen: „Alle Netzwerke haben über einen längeren Zeitraum die Tendenz, immer mehr Verbindungen zu schaffen und immer homogener zu werden. Irgendwann kippen sie. In der Natur gibt es dafür Korrektive. Die Super-Hubs sind aber zu schlau für sich selbst. Sie setzen Korrekturmechanismen außer Kraft und verhindern damit, dass sich das System reguliert."[38]

Larry Fink, der Chef von Blackrock ist Förderer dieser Super-Hubs. Er koordiniert in seinen informellen Geschäftsnetzwerken Rackets, die politische Kontrollmöglichkeiten reduzieren oder ausschalten. Umso amorpher und informeller die politische Gestalt seiner Rackets, umso langlebiger und erfolgreicher ist ihre Praxis. In diesen unauffälligen, informellen Netzwerkstrukturen wird die Kraft ihrer Selbstreferentialität deutlich. Das stärkt die Autonomie und die strategischen Optionen der dominanten Akteure und verhindert zugleich die dynamische Erneuerung der Rackets, weil soziale Trends nicht mehr berücksichtigt werden können. Der Appell von Larry Fink für den nachhaltigen Umbau der Finanzmärkte wirkt in Anbetracht der CO_2-lastigen Vermögenswerte von Blackrock schon beinahe als öffentlicher Hilferuf zum Erhalt seiner inneren Racket-Dynamik.[39]

Sighard Neckel hat Finanzmarktakteure untersucht und kommt zu dem Ergebnis: „Aufgrund ihrer Vernetzung, ihrer

---

37 Die anschaulichste Studie über die deutsche Finanzlobby hat die NGO „Finanzwende" erstellt: https://www.finanzwende.de/themen/finanzlobbyismus/was-das-lobbyregister-ueber-die-finanzlobby-verraet/; abgerufen am 25.08.2023

38 Sandra Navidi am 22. Juni 2017 im Interview mit *Deutschlandfunk Kultur*: https://www.deutschlandfunkkultur.de/sandra-navidi-wir-sind-auf-dem-weg-in-die-naechste-krise.970.de.html?dram:article_id=389275; abgerufen am 19.10.2020

39 Unter: https://www.blackrock.com/ch/privatanleger/de/larry-fink-ceo-letter

wirtschaftlichen Privilegierung und einer Abgrenzung nach außen ist eine Parallelgesellschaft der Hochverdiener entstanden, die sich in einer eigenen Wirklichkeit eingerichtet hat und von den gesellschaftlichen Prozessen um sie herum kaum noch erreichbar ist."[40]

Für diese anschaulichen Rackets gibt es gegenwärtig Unmengen an empirischem Material. Zum Beispiel das Netzwerk des umtriebigen Immobilieninvestors Rene Benko mit seinen von effizienter Komplizenschaft geprägten Verbindungen zwischen Wirtschaftsministern, Staatssekretären, dem Tech-Investor Christian Angermayer, dem Silicon-Valley-Unternehmer Peter Thiel und vielen anderen internationalen Akteuren zeigt augenscheinlich die politische Praxis der herrschenden Klassen im Neoliberalismus. Die in diesen Investoren-Netzwerken gehandelten Informationen sind für wirtschaftliche Entscheidungen nicht unerheblich.[41] Ihrer internationalen Verflechtung ist die nationale Politik ausgeliefert. Es sind staats- und regulierungsferne *Off-Shore*-Netzwerke.

Ihre lebensnotwendige Dynamik hängt unmittelbar von der Selektivität der politischen Einflussnahme ab. Hay konzipiert zur Erfassung dieser selektiven Absichten im widersprüchlichen Feld zwischen Innenperspektive (Selbstreferentialität) und Außenperspektive (strategische Erneuerung) einen *dialectic or relational strategic approach*, der die formalen und informellen Eigenschaften verbindet.[42] Der oft angenommenen zivilgesellschaftlichen Offenheit von Netzwerken setzt er die viel verbreitetere intransparente und homogene Verhandlungssituation entgegen. Die grundlegende „strategische Selektivität" aus wirtschaftlichen Verwertungsinteressen vereinheitlicht die Absichten und funktioniert nach demselben Prinzip wie der diskursive Primat

40 Sighard Neckel am 12. August 2018 in der *Wirtschaftswoche*, unter: https://www.wiwo.de/finanzen/geldanlage/essay-die-parallelgesellschaft-der-finanzelite/22894560.html; abgerufen am 19.10.2020

41 Z.B.: Der Investor, der Wirtschaftsminister und die Magic-Mushroom-Firma, im *Capital* vom 2. Februar 2023, unter: https://www.capital.de/wirtschaft-politik/die-politischen-kontakte-von-investor-angermayer-33157328.html; abgerufen am 9.07.2023

42 Hay 1998, S. 40 ff.

der Kapital-Logik, der im politischen Geschäft mit „Nicht-Entscheidungen" geschützt wird. Strategische Selektivität kann auch zu einem verhärteten, statischen Racket führen, das damit langfristig dem Untergang geweiht ist. Insofern offenbart sich die Kapitallogik im Racket-Muster ebenso widersprüchlich, wie die politischen Absichten autokratischer Racketeers, weil die dynamische Erneuerung des Rackets oft diametral zum Machtwillen der dominanten Racketeers steht.

„Nicht-Entscheidungen" sind ein subtiles Prinzip eigennütziger politischer Praxis, das in der empirischen Machtstudie von Bachrach und Baratz plausibel dargelegt wurde. „Nicht-Entscheidungen" schließen strukturell die ungewünschten Ansprüche gesellschaftlicher Gruppen aus, solange sie konträr zu den grundsätzlichen Interessen des Netzwerks stehen.[43] Es sind informell und ideologisch institutionalisierte Exklusionsmechanismen, die Politikforderungen als „Nicht-Ereignisse"[44] tabuisieren oder ignorieren. „Nicht-Ereignisse" können Fragen zur Auslegung von Eigentumsverhältnissen sein oder sich auf die Legitimation von sozialer Ungleichheit beziehen. Sie werden ignoriert, weil jedwede Erwiderung die Existenz eines Diskurses belegen könnte.

Nicht-Ereignisse bzw. die aus ihnen resultierenden Nicht-Entscheidungen entspringen einer „systemischen" Selektivität, die den grundsätzlichen Interessen der herrschenden Klasse entspricht. Sie wird anerkannt und getragen von privilegierten Komplizenschaften, die den widersprüchlichen und irrationalen Ausschluss vollziehen. Kritik und Einschränkung wird dann im Netzwerk neutralisiert. „Nicht-Entscheidungen" sind inzwischen von informellen Netzwerken in den formalen politischen Prozess eingezogen. Dadurch bekommt auch die repräsentative Politik ihren apolitischen Charakter, schließlich werden gesellschaftspolitische Themen noch nicht einmal mehr debattiert, sondern einfach ignoriert (neoliberal gesprochen: privatisiert). Die „Abgehobenheit" privilegierter Komplizenschaften wird zunehmend

43 Bachrach/Baratz 1977

44 Beispiele hierfür sind die Finanztransaktionssteuer oder die Forderung nach einem internationalen Finanzregister, dass Sanktionspolitiken transparenter machen würde.

öffentlich. Was sich Agenten der herrschenden Klasse vormals nur in informellen Netzwerken haben getraut zu sagen, wird immer häufiger vor laufenden Kameras geäußert.

Die neoliberale „Entthronung der Politik" führt zu „Nicht-Entscheidungen". Es sind die „zwei Gesichter der Macht", die im Nicht-Entscheidungsansatz beschrieben wurden.[45] Ein Gesicht der Macht ist das naturgesetzlich-propagierte Privileg, das ideologisch immer wieder erneuert werden muss, damit es nicht zu diskursiven Brüchen und letztlich Repräsentationskrisen führt. Ein Beispiel für die Eindimensionalität dieser Diskurse ist das *Trickle-Down*-Narrativ, das zunehmend das Vertrauen in die Politik schädigt. Herrschende Klassen haben schon immer ihre Nicht-Entscheidungen als „unausweichlich" gegenüber den beherrschten Klassen propagiert.[46] Die sozialen Auswirkungen dieser Unausweichlichkeit sind der Gradmesser für die undynamische Struktur der Rackets. Die politische Repräsentanz zahlt den Preis, denn die Anerkennung eines widersprüchlichen Legitimationsdiskurses ist nur temporär tragbar, weil er langfristig für die Bevölkerung als nicht glaubhaft erscheint und im letzten Stadium esoterisch und verschwörungstheoretisch interpretiert wird. Der propagierte Sachzwang als Extremform der „Unausweichlichkeit" hat in der Geschichte oft zu Rebellion, Reaktion oder im besten Fall zur Reform geführt. Es ist der Zustand, in dem die Bevölkerung aus gebrochenen Beutegemeinschaften ihre oft irrationale Widerspenstigkeit entwickelt, die heute in der rechtspopulistischen Reaktion erkennbar ist. Sie spiegelt damit eine Irrationalität, die sich schon zuvor im Spannungsverhältnis von „Nicht-Entscheidungen" und dem demokratischen Anspruch an ein solidarisches Gemeinwesen niederschlägt.

Der apolitische „Nicht-Entscheidungs-Staat" – gestützt auf informelle Netzwerke – kann nur der Aufrechterhaltung kurzfristiger Profitinteressen dienen und legitimiert sich im dauernden Modus der Wohlstandskrise. Die „zwei Gesichter der Macht" (politische Position und soziale Stellung) zeigen, dass es sich in Netzwerken nicht um demokratisch-legitimierte Zusammen-

45 Bachrach/Baratz 1977

46 Moore 1987

künfte freier Entscheidungsträger mit freien Handlungsmöglichkeiten handelt, sondern vielmehr um ein politisch-ökonomisches Beziehungsgeflecht, das strukturell vorgeprägt ist und durch informelle Handlungsorientierungen, strategische Widersprüche und ideologische Trends bedingt ist. „Nicht-Entscheidungen" sind tragende Säulen der politischen Praxis der herrschenden Klasse. Entpolitisierte Entscheidungsträger begünstigen diese strategische Selektivität, die typisch für informelle Netzwerke ist. Auch deshalb wurde den Netzwerktheorien oft der Vorwurf gemacht, eine normative „Theorie technokratischer Elitenherrschaft" zu konzeptualisieren.[47]

In diesen gesellschaftsfernen Netzwerken können Akteure frei im Rahmen des Musters ihrer politischen Praxis handeln. Für ihre Motive zur „Nicht-Entscheidung" stehen neoliberale Ökonomieansätze bereit, die anhand von Modellen Politik und Ökonomie konzipieren.[48] Die *Rational Choice*-These ist das Hauptkapitel ihres *Betriebshandbuchs*. Sie postuliert, dass jeder Mensch einen *Homo Oeconomicus* darstellt, der sein Verhalten nur nach dem Eigennutzmotiv ausrichtet. Der „Kampf um die Beute" wird in diesen Ansätzen als „erste Natur" anthropologisiert und als neue Erkenntnis einer betriebswirtschaftlichen Deutung an die Hand gegeben. Mit *Rational Choice* ist die rationale Auswahl aus einer „frei" verfügbaren Menge von Handlungsalternativen gemeint. Dabei würden die Individuen unabhängig von ihrer sozialen Stellung und Zugehörigkeit als egoistische Nutzenmaximierer handeln.[49] Sie wären kalkulierende Subjekte, die eine persönliche Präferenzordnung zur Beurteilung sozialer Interaktionen erfassen können und soziale Beziehungen nur unter rein wirtschaftlicher Nutzenkalkulation bewerten. Auch Koalitionen und Gruppen werden individualisiert. Ihr Zusammenschluss

47 Heritier 1993

48 Die zitierten Ansätze neoliberaler Theoriebildung wurden nicht nur mit etlichen Wirtschaftsnobelpreisen seit den achtziger Jahren prämiert, sie sind inzwischen auf elitärer, ökonomischer Ebene handlungsleitend in der globalen Politik (Slobodian 2019, Chamayou 2019, Aldred 2020).

49 Borner/Schwyzer 1999

wird schon als pures Nutzenkalkül zur Erlangung spezifischer Profite betrachtet.[50]

Mit der Übernahme der These in die Politikwissenschaften entstand der *Public Choice* Ansatz, dem die Annahme zugrunde liegt, dass politische Amtsträger genauso nach Eigennutz agieren wie Akteure in der privaten Wirtschaft. Die *Rational Choice*-Annahme wird oft mit dem Argument widerlegt, dass eine „freie" Auswahl immer eine totale Informationsgewährleistung über alle möglichen Handlungspräferenzen voraussetzt, die nie gewährleistet ist. Der Wahl des Individuums wird deshalb eine begrenzte Rationalität (*bounded rationality*) unterstellt.[51] Häufig werden die Rationalitäten in einen spieltheoretischen Kontext der „spontanen Ordnung" eingebettet, der ein primitives, zoologisches Anreizsystem (*Tit for Tat*) unterlegt wird. Es ist in diesem Kontext nicht verwunderlich, dass die Mafia von neoliberalen Ökonomen als ideale Struktur für die spieltheoretischen Modelle „spontaner Ordnung" profiliert wird.[52] Sie gilt dabei als anarchischer Raum, in dem spontane Staatsimitationen als „erste Natur" ökonomischer Motive vorausgesetzt und hingenommen werden.

Ebenso wie in Beutegemeinschaften Prinzipien (Komplizenschaften) der politischen Praxis der Rackets hineinragen, organisieren sich auch konkurrierende Rackets (Kapitalfraktionen) der herrschenden Klasse *horizontal* als enge Beutegemeinschaft in Netzwerken, ohne unmittelbaren *vertikalen* Klassenbezug. Manchmal entstehen dadurch offene korrupte Beziehungen, die für einen Skandal sorgen und vormalige Komplizenschaften spontan beenden. Häufiger liegen ihnen aber fluide, informelle Strukturen zugrunde, die gewöhnlich von legalen Vermittlern getragen werden. Diese Racket-Praxis muss immer wieder darauf bedacht sein, Ausbeutungsmöglichkeiten zu identifizieren und sich konspirativ gegen Konkurrenz und Transparenz abzuschotten.

An diesem Praxis-Prinzip wird wiedermal deutlich, wie die Ausrichtung der dynamischen Racketstruktur im Widerspruch

50 Zintl 1993

51 Wolff/Neuburger 1995

52 Aldred 2020, S. 52

zu ihrem Machtwillen steht. Denn maßlose Ausbeutung gefährdet nicht nur die Intransparenz, sondern auch die innere Anerkennung und Loyalität in der Beutegemeinschaft, während die Kapitalausstattung Bedingung für die Robustheit der Racketstrukturen ist und somit ihre Konkurrenzfähigkeit mit anderen Rackets stabilisiert. Dieser Gefährdungsmoment zeigt sich immer in der Aufdeckung von Skandalen.

Ebenso kann die Konkurrenz der Rackets untereinander von Intrigen, Korruption und Gewalt geprägt sein, z.B. wenn Rechte nicht ausreichend formalisiert sind. Kooperation zwischen den Rackets ist aber die Regel, schließlich verursacht generell betrachtet der Tausch langfristig weniger *Transaktionskosten* als Raub und Krieg. Insofern ist die *Rational Choice*-These weniger durch unendliche Handlungsmöglichkeiten zum eigenen Nutzen determiniert, sondern vielmehr durch den engen strategischen Rahmen des Racket-Musters, das den durch das Eigennutzmotiv erlangten Vorteil erst nachhaltig absichert.

Zusammengefasst kann Komplizenschaft im Racket-Muster in vier Dimensionen unterteilt werden, an denen die Verbindungen zwischen herrschenden Rackets untereinander und die Beziehungen zu ihrer Beutegemeinschaft deutlich werden:

- Die ideologische, religiöse Komplizenschaft hat den langfristigsten und stabilsten Wirkungsgrad. Sie bezieht sich auf ein Legitimationssystem, den verinnerlichten Glauben an die Rechtmäßigkeit der eigenen Handlungen. Die gesellschaftliche Hegemonie ist ihre Stütze und kann das Ressentiment gegenüber Kritik und Aufklärung stärken. Gegenwärtig hat sie ihre substanzielle Basis in den meritokratischen Mustern der Gewinner und Verlierer.
- Die politische Komplizenschaft der elitären Technokratie ist die offensichtlichste Verbindung im netzwerkartigen Racket-Muster. Sie resultiert aus gleichen Zielen und Interessen auf den Märkten. In ihr profilieren sich selbsternannte Marktexperten, die Konsens über die Optimierung von politischen Prozessen herstellen wollen. Dabei werden persönliche Karriereaussichten subtil formalisiert. Diese Komplizenschaft verweist auf den Kern des Racket-Musters mit seinen Eigenschaften der Devianz und Skandalisierung.

- Die materielle Komplizenschaft ist Grundlage von Beuteanteil und Aufstiegsversprechen. Sie ist exemplarisch für Korruptionsnetzwerke und stabilisiert Beutegemeinschaften. Es ist die Komplizenschaft der Räuberbande, die Ursache von Korruption, Steuerhinterziehung und massiver Ungleichheit ist. Wenn der Betrug zu augenscheinlich wird und damit das Legitimationssystem gefährdet, kann das Racket nicht nur seine Einnahmequellen verlieren, sondern seine Existenz.[53]
- Die militärische oder auch gewaltförmige Komplizenschaft kommt fast ausschließlich in kriminellen Rackets vor und dort auch nur in Ausnahmefällen zur Sanktionierung von Verhalten. Mit Gewalt wird Gefolgschaft erlangt. Sie besitzt eine geringere Bindungskraft als materieller Gewinn oder ideologische Überzeugung, denn für die Individuen bleibt immer die Wahlmöglichkeit des Wechsels zu einem anderen Racket, was als klassischer Verrat gewertet werden kann. Gewalt ist das letzte Herrschaftsmittel der Rackets. Sie ist zur Bildung privater Souveränität weitaus bedeutender, als zur materiellen Ausbeutung. Gerade die Gewaltfrage macht deutlich, dass die herrschenden Klassen immer auf formale oder informelle Souveränität bezogen bleiben. Die politische Praxis im Racket-Muster hängt immer von Fragen der Souveränität ab. Zum Beispiel inwieweit sich die maßgeblichen Rackets militärischer Unterstützung bedienen müssen, oder inwieweit illegale Rackets am Staat partizipieren bzw. ihn kolonisieren. Andere „private" Gewalt-Phänomene der Gegenwart bilden sich in den Parallelstaaten (bzw. Parallelgesellschaften) ab, die zum Teil terroristische Rackets hervorbringen (Rechte Milizen, Islamischer Staat).

Im Racket-Muster der politischen Praxis der herrschenden Klassen kommen alle vier Dimensionen privilegierter Komplizenschaft in ihrem unterschiedlichen Grad von Glauben/Ideologie, Vertrauen/Treue, Loyalität und Gefolgschaft zum Tragen. Sie

53 Maßlose Ausbeutung und Ungerechtigkeit hat seine Grenzen. Aus *failed states*, in denen die Bevölkerung ständigen Überfällen ausgesetzt ist, werden häufig Anekdoten berichtet, nach denen Räuberbanden den Überfallenen Quittungen ausstellen, die sie der nächsten Räuberbande als Beleg zeigen können, um nicht wieder bedrängt zu werden.

sind stets unterschiedlich gewichtet. Rackets integrieren letztlich auch über Mitwissen und Mittäterschaft – nicht selten über illegitimes oder illegales Handeln – ihre Mitglieder. Das Racket basiert auf Komplizen und gewährt ihnen einen Anteil an der Beute. Zugleich verschafft es sich mit der Komplizenschaft den Schutz vor den Beherrschten. Die Dissidenten der Komplizenschaft werden politisch bekämpft, materiell in den Ruin getrieben oder mit offener Gewalt bedroht. Das Racket-Muster politischer Praxis ist ein dialektisches Muster der Herrschaft, in dem einerseits für Legitimation gesorgt werden muss und andererseits muss es notwendige Ausschlussformen offen-autoritär oder subtil mit „Nicht-Entscheidungen" stabilisieren. Es ist allein verschworen gegen den humanistischen Geist der Aufklärung, der Demokratie und der Volkssouveränität. Racket-Herrschaft ist analog zu Hobbes und Machiavelli ein Spiel zwischen den Polen Widerspenstigkeit und Gefolgschaft. Das ist der schmale Grat, auf dem sich die politische Praxis der herrschenden Klassen stets befindet und sich über historische Formationen bewährt hat, angleicht, ändert, aber im Grundprinzip bestehen bleibt.

6. Staat und Korruption

Der Racket-Begriff besitzt seine historische Dimension als integraler Bestandteil der Geschichtsphilosophie in der *Dialektik der Aufklärung.* Dort bleibt Herrschaft dem Prinzip der Barbarei verhaftet, solange sich der soziale Fortschritt nur als Wiederholung der „Vorgeschichte" entlarven lässt. Der historische Prozess ist durch die Dialektik von „Naturbeherrschung und Naturergebenheit" bedingt. Das determiniert die vollkommene Hingabe an die gesellschaftlich erzeugten Natur- bzw. Herrschaftsverhältnisse. Das Racket-Muster politischer Praxis ist allen historischen Staatsgesellschaften immanent, auch wenn es seine bisher dynamischste Gestalt im Kapitalismus, insbesondere im neoliberalen Zeitalter erhält. Es ist Grundlage für Klassismus und soziale Ausgrenzung und reiht sich in die historisch übergreifenden Herrschaftsmuster des Rassismus und Sexismus ein. Herrschaft wird in diesen Mustern als natürliche Eigenschaft der Menschheitsgeschichte betrachtet. Mit Humanismus und Dialektik hat das wenig zu tun, weshalb in der Aufklärungsphilosophie zwischen erster und zweiter Natur unterschieden wird. Schließlich steht dem Racket-Muster politischer Praxis immer die transparente, demokratische und gerechte Ordnung sozialer Verhältnisse gegenüber.

> „Der Begriff der ›zweiten Natur‹ bezeichnet ein scheinbar aus sich heraus Wirkendes, das sich aber als Erzeugtes entpuppt; ein Gewordenes, Konstituiertes, das sich zu einem Konstituierenden zusammengezogen hat. Es ist, nach der Bestimmung Hegels, vermittelte Unmittelbarkeit. Der Begriff ist historisch erwachsen aus dem allmählichen Brüchigwerden der antiken Kosmologie. Er ist ebensowenig identisch geblieben wie der, von dem er abgeleitet ist, der ›ersten Natur‹. Je nachdem, ob diese vorwiegend als unvergängliches Wesen oder Werden und Vergehen, als Ordnung oder ungezähmte Gewalt, sinnhaft verstehbar oder objektiviert erklärbar gesehen wurde, ändert sich auch die Bedeutung des Begriffs *zweiter* Natur. Dabei ist insbesondere

> zu unterscheiden, ob er in rechtfertigender oder in kritischer Absicht gebraucht wird."[1]

Die dialektisch-anthropologische Perspektive in der Geschichtsphilosophie der kritischen Theorie, wie sie in der *Dialektik der Aufklärung* entwickelt wurde, steht diametral zu historischen Betrachtungen, in denen Fortschritt als linearer Prozess der menschlichen Entwicklung betrachtet wird. Deshalb wurde die *Dialektik der Aufklärung* von Alfred Schmidt als eine „Anthropologie des Tauschverhältnisses"[2] betrachtet. Denn es geht nicht allein um eine klassische, materialistische Geschichtsphilosophie sozialer Kämpfe, sondern um die zwei Formen der Natur sozialer Verhältnisse, die Herrschaft, Widerspenstigkeit und Emanzipation bedingen.

Herrschaft spaltet Gemeinschaften in Individuen, Stände, Klassen, Geschlechter oder in rassistische Zuschreibungen. Gesellschaften und Gemeinschaften sind dadurch einem permanenten Konfliktmodus ausgesetzt, der Verunsicherungen, Verbitterungen und Enttäuschungen aus Betrugserfahrungen hervorbringt. In diesen Zuständen gewinnt oft der Mythos über die Wahrheit überhand, um die irrationalen Verhältnisse zu rationalisieren. Die Gesellschaft entwickelt sich dann im dialektischen Prozess zurück zur ersten Natur, die aber nicht authentisch in Erscheinung tritt, sondern verzerrt, „verstümmelt und versklavt" – ähnlich wie das Racket stets die erste Natur von Herrschaft meint.

> „Durch ihre Fähigkeiten, die Okkupation der Schlüsselpositionen in der gesellschaftlichen Apparatur, wird die ursprünglich rein auf natürliche Potenzen begründete Hierarchie der Macht modifiziert, bis sie im Verlauf der Entwicklung schließlich der zweiten, der gesellschaftlichen Natur entspricht, nicht mehr der Stärke, sondern der Position. Die erste Natur, auf der auch weiterhin die Gesellschaft begründet bleibt, wird verstümmelt und versklavt."[3]

Die erste Natur ist allen, sozialen und politischen Phänomen immanent. Sie treten aus der dialektischen Eigenschaft hervor.

---

1 Schmid-Noerr 1997, S. 22/23

2 Aus einer Seminar-Mitschrift des Autors von 1992.

3 Horkheimer 1985c, S. 287

Die physische Stärke in der „Urhorde" hat sich so zur zweiten gesellschaftlichen Natur, dem Privileg des Eigentums gewandelt, ebenso wie der Raub zu seiner zweiten gesellschaftlichen Natur – dem Tausch – in einem dialektischen Verhältnis steht. Auch die Strafe führt stets ihre erste gesellschaftliche Natur mit sich – die Rache oder Vergeltung. „Strafe ... wird als Vergeltung, Wiederherstellung, Abschreckung, Schutz und Erziehung rationalisiert. Die Gesellschaft kann ohne Strafe nicht existieren, und dieses Zeichen ihrer Schwäche ist zugleich ihr Schandmal, das sie als eben die Natur brandmarkt, über die sie sich erheben will."[4]

Im historischen Wandel der *Gegen-Aufklärung* macht sich die erste Natur der Verhältnisse bemerkbar, weil auf sie zur Selbsterhaltung zurückgegriffen werden kann. Das Racket ist die erste gesellschaftliche Natur institutionell-anerkannter Herrschaft, die es am prägnantesten mit der Kontingenz der Verschwörung und Devianz beschreibt. Es hat immer einen widersprüchlichen Bezug zur zweiten gesellschaftlichen Natur des formalisierten politischen Prozesses, der seinem Anspruch nach Emanzipation und Demokratie gerecht werden will, aber das Racketmuster stets in sich trägt, denn es ist der Kern moderner Staatlichkeit. In Krisenzeiten extremer, sozialer Spaltungen durchbricht es die „zweite gesellschaftliche Natur" der dialektischen Staatlichkeit, und Tausch wird zu Raub (resp. Krieg) und Strafe zu Rache.

Dann werden die archaischen Führerpersönlichkeiten begehrt. Sie stehen an der Spitze der imaginierten Großrackets, die nun die Form einer Nation annehmen. Dieses starre, ursprüngliche „Stammes"-Racket der Nation ist die unterentwickeltste, fragilste und gefährlichste Form einer Racket-Imitation. Es sind primitive Parodien der anthropologischen Kontinuität der „Grundform der Herrschaft".[5] Sie haben meist als exzentrische Variante keine lange Lebensdauer. Dementgegen will das erfolgreiche, moderne Racket der herrschenden Klassen dynamisch wie das Kapital und amorph wie ein Netzwerk sein. Nur die politische Praxis folgt in beiden Varianten stets dem gleichen Muster und besitzt historische Kontinuität von frühen und primitiven Formen der

---

4 Horkheimer 1985d, S. 262

5 Lindemann 2000

Staatlichkeit bis heute. Horkheimer notierte den herausfordernden Anspruch an das Racket-Theorem 1942 folgendermaßen: „Die unterschiedslose Designierung des sozialen Wesens als des Inbegriffs von Rackets ist unendlich differenziert, da sie die unterschiedslose Brutalität gegen die Ohnmacht summarisch denunziert."[6]

Hieran wird deutlich, dass Rackets kein soziales Phänomen eines essentialistischen Kapitalismus sind[7], sondern vielmehr Zuschreibungen in historischen Herrschaftsverhältnissen (Ohnmacht) entsprechen. Das Racket ist grundlegend für die Geschichtsphilosophie der kritischen Theorie. Dort besitzt es viele Analogien zu historischen Studien von Braudel, Tilly, Hobsbawm und Moore. Für Moore ist die politische Menschheitsgeschichte fast ausnahmslos von zwei Phänomenen geprägt: Gewalt und Betrug.[8] Umso offensichtlicher diese Phänomene als erste Natur politische Wirklichkeit werden, umso stärker treiben sie zur gesellschaftlichen Reaktion. Zum Beispiel ist das marktgängige Leistungspostulat von Zwängen geprägt, die regelmäßig den Betrug und die passive Gewalt in Form der Demütigung und Entwürdigung der Verlierer hervorbringen.[9] Es ist aber nicht allein der Betrug von Marktteilnehmern oder subalternen Klassen, der zur Empörung führt. Es ist auch der Selbstbetrug, wenn der durch Leistung legitimierte Status in Frage steht und Individuen sich verloren außerhalb privilegierter Komplizenschaft in einer lukrativen Beutegemeinschaft sehen. Gewalt und Betrug sind in die Dialektik moderner Staatlichkeit eingeschrieben. Schließlich ist der Staat im eigentlichen Sinne – als seine erste gesellschaftliche Natur – lediglich eine „institutionalisierte Räuberbande".[10]

Charles Tilly hat dieses Kernprinzip untersucht und die Analogie zwischen Staaten und organisierter Kriminalität beschrieben:

---

6 Horkheimer 1985e, S. 280
7 Wie bei: Fuchshuber 2019
8 Moore 1987
9 Vgl. Sandel 2020
10 Vgl. Pistor 2019, S. 219 ff.

> „If protection rackets represent organized crime at its smoothest, then war making and state making – quintessential protection rackets with the advantage of legitimacy – qualify as our largest examples of organized crime. Without branding all generals and statesmen as murderers or thieves. I want to urge the value of the analogy.“ [11]

Tilly zielt damit auf die Gewaltform jeglicher Staatstätigkeit, ob formal oder informell als Racket. Der Unterschied zwischen legalen und kriminellen Rackets besteht für ihn lediglich in der Legitimation ihrer Gewalt. Der Staat verteidigt seine auf Gewalt gestützte Souveränität nach außen durch Krieg und nach innen durch Schutz. Die Souveränität treibt zur Monopolisierung, kann aber auch als Parallelstaat funktionieren, denn sie muss *lediglich* die Surplusaneignung durch Steuern oder Schutzgeld garantieren und eine vorausschauende Planung gewährleisten.[12] Tilly verweist in diesem Kontext auf die Bedeutung netzwerkartiger Bündnisse zwischen den Managern des Staates und sozialen Klassen:

> „In the course of making war, extracting resources, and building up the state apparatus, the managers of states formed alliances with specific social classes. The members of those classes loaned resources, provided technical services, or helped ensure the compliance of the rest of the population, all in return for a measure of protection against their own rivals and enemies.“[13]

Einige Studien folgen dieser Argumentation, wenn sie illegale Aktivitäten moderner Staaten in Bezug auf die Vergabe von Schürfrechten für Rohstoffe an Familienclans der politischen Klasse und international-tätige Unternehmen betrachten.[14] Formale Staatsapparate und Rackets teilen sich häufig Souveränitätsansprüche und existieren parallel. Dabei ist es nicht immer eindeutig, wer von wem mehr profitiert.

Schon die ersten Staaten waren Gewaltapparate zur planmäßigen Reproduktion und Expansion der Bevölkerung auf

---

11 Tilly 1985, S. 169

12 Das Argument „Steuern sind Raub“ ist im neoliberalen Diskurs ein beliebtes und gefährliches Argument, denn es dient der primitiven Staatsaversion zur Legitimation imitierter Staatlichkeit. Hier geht es um die Dialektik dieser Staatsaversion im analytischen Sinn.

13 Tilly 1985, S. 183

14 Vgl. die Beiträge in Heyman 1999

Grundlage der Sklaverei.[15] Sie entstanden während der neolithischen Revolution, ebenso wie institutioneller Sexismus und Rassismus in dieser Zeit ihren Ursprung haben. Diese frühen Racket-Staaten haben die ersten Eigentumsformen in partiell-abgeschlossenen Reproduktionsräumen geschaffen. Getreideanbau war die Innovation und die klimatischen Beruhigungen nach der letzten Eiszeit schufen erstmals Voraussetzungen für deren Planbarkeit. Klassenstrukturen, Gewaltapparate, Planung und Religion bildeten damals die Voraussetzungen für Staatlichkeit. Scott (2019) hat diese „Frühstaatlichkeit" eindrucksvoll beschrieben. Er zeigt, wie sich aus Clanstrukturen mit der Aneignung der neolithischen Produktionsweise administrative und pastorale Eliten bildeten, die erstmals in Mesopotamien das Racket-Muster im Gemeinwesen verankerten, um sich Surplusaneignung und damit Ausbeutung und Reproduktion zu sichern. Ihre ideologisch und religiös legitimierten Herrschaftsmittel gründeten auf Schutz und Ausbeutung, also letztlich Betrug und Gewalt – die kontingenten Kernphänomene der Staatlichkeit in den folgenden Jahrtausenden. Es wurden zugleich die Prinzipien ihrer Herausforderer, die sich angleichen mussten um bestehen zu können. Planbarkeit schuf quasi-staatliche Institutionen, die wiederum Unter-Rackets in Kontakt mit privilegierten Gruppen dauerhaft etablierten. Ihnen oblag es, die gesellschaftliche Reproduktion auf einem eingegrenzten Raum militärisch zu verteidigen, insbesondere zur Sicherung der Vorräte. Die frühen Rackets festigten damit eine neolithische Arbeitsteilung mit Hierarchien im Haushalt, im Arbeitsprozess und im Gemeinwesen. Es begannen die ersten Geschlechterkämpfe, die ersten Sklavenaufstände (also die ersten Klassenkämpfe) und es entstanden die ersten *failed states*. Mit Ritualen und Religionen sollte das fragile Racket-Muster, in das die Hierarchien und Tauschprinzipien eingeschrieben sind, ideologisch legitimiert werden. Sie beinhalteten schon Fragmente des aufklärerischen Geistes, die regelmäßig widersprüchlich ausgelegt wurden. Zugleich ist es ein besonderes Indiz, dass in diesen frühstaatlichen Gesellschaften oft die Tempel und Getreidespeicher eine räumliche Verbindung aufwiesen. Vielleicht musste

---

15 Scott 2019

das Marktgeschehen – das Tauschprinzip – weitaus stärker mit der Religion legitimiert werden als die Position eines Herrschers samt seiner Gewaltausübung.[16]

Die frühstaatlichen Herrschaftsformen besaßen bis zu den dauerhaften, ägyptischen Dynastien mit ihren gut organisierten Beutegemeinschaften instabile Bedingungen. Sie vergingen und kamen, bis sie sich stehende Heere leisten konnten und damit die dynamische Herrschaftsform der Rackets sicherten und die Voraussetzungen für die Bildung eines Reichs schufen. Die Etablierung dieser frühstaatlichen Grundprinzipien kam dann im Feudalismus (sowohl in Europa als auch in Asien) zur vollsten Geltung und *verabsolutierte* sich mit der Ausbildung des modernen, bürokratischen Staates. Kompetenz spielte in der Komplizenschaft der Staatseliten eine geringere Rolle als Loyalität, die sich in persönlichen, meist familiären Beziehungen niederschlug. Privilegierte Komplizenschaft, Beutegemeinschaften und militärische Expansion (also Raub) waren für die Stabilität und Reproduktion der Rackets von entscheidender Bedeutung. Reinhard beschreibt diese Prinzipien für die Herausbildung des modernen, europäischen Staates:

> „Je nach politischer Kultur kann man durch Erbfolge, Usurpation, Kauf, Kooptation, Ernennung, Wahl oder Delegation ein Amt erhalten und in eine Elite gelangen. Immer spielt dabei soziale Siebung eine Rolle, die sich aber nicht darauf beschränkt, allgemein Kandidaten aus der ›richtigen‹‹ sozialen Gruppe auszuwählen, sondern vor allem durch personenspezifische Interaktion im sozialen Netzwerk der Elite wie des Kandidaten gesteuert wird. Bekanntheit und Protektion geben dabei den Ausschlag. Eliten brauchen strenggenommen gar kein soziales Substrat, sondern beruhen primär auf Interaktion. Wenn es eine gemeinsame Voraussetzung für Amtsinhaber gab, dann weniger eine bestimmte Standeszugehörigkeit als vielmehr ganz einfach Reichtum.“[17]

Diese „immergleichen“ Grundvoraussetzungen für den Racket-Eintritt beschreibt auch Braudel in seinen historischen Analysen des 16. Jahrhunderts. Dort bilden Clanstrukturen frühbürgerliche Stadtstaaten, die Auftraggeber für räuberische Piraten -und

16 Graeber/Wengrow 2022, S. 303 ff.

17 Reinhard 2000, S. 190

Feldzüge sind.[18] Auch Hobsbawm erkannte in seinen Analysen der frühen Staatsformen die Bedeutung von Banditen, Piraten oder marodierenden Söldnermilizen, die von den herrschenden Klassen beauftragt und genutzt wurden.[19] Im 17. und 18. Jahrhundert entwickelten sich aus diesen „Aufträgen" die ersten *Company States* aus den von England und den Niederlanden beauftragten Aktiengesellschaften der Ostindischen Kompanien, die zeitweise 200.000 Soldaten in ihrer Privatarmee hielten und lange Zeit mit offener Gewalt den Handel mit Asien dominierten. Einige Rackets im heutigen Finanzkapitalismus gleichen den *Company States.*[20] Diese Kooperationen zwischen Staatsapparaten und quasi-souveränen Rackets stabilisieren und formalisieren Korruptionssysteme.

> „Das Bündnis der konstitutionellen Monarchie mit den monopolistischen Finanzinteressen, der Ostindischen Kompanie mit der 'glorreichen Revolution' von 1688 wurde durch die gleiche Macht gefördert, mit deren Hilfe liberale Interessen und die liberale Dynastie zu allen Zeiten und in allen Ländern sich fanden und zusammenschlossen: durch die Macht der Korruption, diese erste und letzte Triebkraft der konstitutionellen Monarchie (...)."[21]

Wenn staatliche Souveränitätsrechte an Privatgerichte oder Privatarmeen abgegeben werden und wirtschaftliche Einflüsse kaum noch als „Abweichung" identifiziert werden, dann offenbart sich die „Macht der Korruption" und es wird schwierig zwischen *formal and effective sovereignty* zu unterscheiden. Die heutige *Off-Shore*-Welt der Banken, Finanzinstitute und Anwaltskanzleien operiert wie ein „globalagierender Leviathan". Ihre Macht und Schutzfunktion haben sie in der Finanzkrise 2008 gegenüber souveränen Staaten bewiesen.[22] Solche Rackets als Urform staatlicher Souveränität waren schon in Mesopotamien bekannt, wie Scott ausführt:

---

18 Braudel 1990

19 Hobsbawm 1981

20 Hendrikse, Reijer/Fernandez, Rodrigo 2019: Offshore Finance. How Capital Rules the World; unter: https://www.tni.org/files/publication-downloads/offshore_finance_-_state_of_power_2019.pdf;, abgerufen am 10.10.2020

21 Marx 1972, S. 149

22 Hudson 2016

„Eine Gruppe von Warlords konnte etwa den Plan aushecken, ein anderes kleines Reich zu überfallen, die Beute in Form von Gold, Silber, Vieh und Gefangenen fest im Blick. Sie bildeten gleichsam eine „Kapitalgesellschaft", deren Geschäftszweck der Raub war. Je nach der Anzahl der Soldaten, Pferde und Waffen, die jeder der Verschwörer in das Unternehmen einbrachte, konnte der prospektive Erlös proportional zu den Einlagen eines jeden Teilnehmers aufgeteilt werden."[23]

Das Praxismuster der Rackets kann nicht nur ein Geschäftsmodell sein. Es ist ein kontinuierliches Phänomen des Staates, seiner Konsolidierung und seines Zerfalls. Sein Kernprinzip „Schutz gegen Gehorsam"[24] soll ihm Kontinuität verschaffen, denn in vielen historischen Gesellschaften existierte lediglich eine temporäre Dominanz[25] bzw. Herrschaft, die es zu institutionalisieren galt. Der Aufbau der ersten Staaten ist begleitet von der Formalisierung des kriegerischen Raubprinzips mit der Sklavenhaltung der Kriegsgefangenen. Die räumliche Expansion, die Steigerung des Surplus und die Unterwerfung weiter Teile der Bevölkerung machten die ersten Staaten schon zu imperialistischen Kolonialstaaten. Gemeinschaften außerhalb dieser Staatswesen mussten sich diesem kriegerischen Prinzip annehmen um zu bestehen. Sie legten aber vermutlich das Prinzip in friedlichen Zeiten wieder ab und konnten oder wollten auch deshalb keine Reiche dauerhaft etablieren. Sie waren stets gefährdet und reproduzierten sich häufig in freieren Formen der Allmende und des Gewohnheitsrechts.[26] Scott resümiert zu den Ähnlichkeiten der frühen Reiche und ihrer „barbarischen" Konkurrenten mit temporären Gefolgschaftsrackets: „Hinsichtlich der Abschöpfung eines dauerhaften Überschusses von sesshaften Gemeinschaften und der Abwehr externer Angriffe zum Schutz der eigenen Basis ist eine solche stabile Erpresserbande vom archaischen Staat selbst kaum zu unterscheiden."[27]

---

23 Scott 2019, S. 180

24 Hobbes 1966

25 Graeber/Wengrow 2022, S. 234 ff.

26 Ebenda

27 Scott 2019, S. 245

Racketeering ist die effiziente Institutionalisierung der räuberischen Plünderung und Erpressung. Es ist der dialektische Übergang von der ausgebeuteten Gemeinschaft zur Beutegemeinschaft. Frühe Staaten haben sowohl Racketeers angeworben, als auch selbst Schutzgeld an quasi-staatliche Gemeinschaften gezahlt. Beides diente als Voraussetzung für das erste *Ökonomie*-Modell – den planmäßigen Getreideanbau. In den Chroniken der frühen Staatseliten ist hiervon selten die Rede: „Man kann sich denken, dass solche Schutzgelderpressungen verbreiteter waren, als die Dokumente es zugeben, insofern sie wahrscheinlich Staatsgeheimnisse waren, die, hätte man sie vollständig aufgedeckt, der Fassade eines allmächtigen Staates widersprochen hätten."[28]

Schutzgelderpressung entwickelte sich zur Steuererhebung und bekam damit eine nachvollziehbare Legitimation. Auch Plünderungen verlangten nach einer Nachvollziehbarkeit, die oft mit der Schuld der Beraubten ideologisch legitimiert wurde. Der frühe Staat der neolithischen Sesshaftigkeit institutionalisierte mit neuen Religionen das Schuldprinzip[29] als Kernprinzip der Beherrschung, das im modernen Kapitalismus seine bisher komplexeste Gestalt bekam. Nicht nur David Graeber[30] hat dieses Prinzip, das jeder vorneolithischen Gemeinschaft fremd war, in den Mittelpunkt seiner Betrachtung historischer Gesellschaften gestellt. Auch Walter Benjamin[31] hat das Schuldprinzip in seiner Schrift „Kapitalismus als Religion" als grundlegende Voraussetzung für die Reproduktion des Kapitalismus beschrieben.

Das Racket ist die erste Natur der reproduktiv erfolgreichen Staatlichkeit. Es garantiert Schutz aus einem Schuldverhältnis. Schon Machiavelli[32] hatte dieses Prinzip in ähnlicher Weise als Erfolgsfaktor feudaler Herrschaft identifiziert. Für Horkheimer fordert das Racket als der „echte Leviathan den rückhaltlosen

---

28 Scott 2019, S. 246 f.

29 In den ostasiatischen Religionen und ihren kollektiv-integrierten Gesellschaften ist Scham wirkmächtiger als Schuld und kann ebenso Herrschaft stabilisieren (Sapolsky 2017).

30 Graeber 2012

31 Benjamin 2003

32 Machiavelli 1961

Gesellschaftsvertrag"[33], was zum Ursprung der legitimen Beutegemeinschaft führt. Der Schutz, auf den der zu Schützende von der Gruppe verpflichtet wird, ist die eigentliche Quelle der Gewalt, denn von niemanden anders hätte er mehr zu befürchten als von seinen Beschützern.[34] Diese Befürchtung tritt ein, wenn der „rückhaltlose" Vertrag der Beutegemeinschaft gekündigt wird und die Abhängigen schutzlos den äußeren Gewalten ausgesetzt sind. Auch für Adorno verschleiert die Schutzfunktion in der bürgerlichen Gesellschaft ihre offenen Gewalteigenschaften: „Das bürgerliche Klassenbewusstsein zielt auf den Schutz von oben, das Zugeständnis, das die eigentlich herrschenden Eigentümer denen machen, die ihnen mit Leib und Seele sich verschreiben."[35]

Wenn Rackets ihre materiellen Schutzverpflichtungen gegenüber der Beutegemeinschaft aufgeben, dann tritt die Widerspenstigkeit der unterdrückten Klassen als Sklave, Leibeigener oder als abhängig Beschäftigte in Erscheinung. Das Racket-Muster bildet die Anatomie des politisch-ökonomischen Herrschaftsprinzips, das im Neolithikum mit der Instrumentalisierung von rassistischen Mythen zur Legitimation der Sklaverei und damit als Voraussetzung einer Klassengesellschaft entstand. Ebenso institutionalisierte sich im Neolithikum das Patriarchat wie auch andere sexistische Ausschlussformen. Bedeutende institutionelle Relikte sehen wir noch heute im Ausschluss von Frauen von ökonomischen Spitzenpositionen der *Prinzipale* in den Vorständen von Großunternehmen.[36] Denn auch heute scheint die Erbnachfolge in ökonomischen Positionen vom uralten Aristokratie-Prinzip der Patrilokalität der verteidigten Räume geprägt zu sein.

Jede Form von Herrschaft benötigt Unterwerfung, Gehorsam und Legitimation zur souveränen Handlungsfähigkeit. Im 18. Jahrhundert erlitt der absolutistische Staat seine Anerkennungskrisen. Ökonomische Umbrüche, verursacht durch die imperialistische Konkurrenz der Kolonialmächte, bedurften neuer politischer Rechtfertigungen im Racket-Muster, wie sie

33 Horkheimer 1985c, S. 289

34 Horkheimer 1987a, S. 330

35 Adorno 1975a , S. 12

36 Einem Phänomen, das im feministischen Diskurs häufig vernachlässigt wird.

in den Theorien der Vertragstheoretiker angesprochen wurden.[37] Auch der Kontakt mit unterworfenen Gesellschaften in Nordamerika, verlangte nach neuen Legitimationen europäischer Herrschaft, jenseits des christlichen Universalismus.[38] Die Zeit der Revolutionen und der Aufklärung stellte den Adressaten der Volkssouveränität in ein neues Licht. Doch das *Volk* tendiert vorerst zu denselben archaischen Prinzipien des Racket-Musters, um die vormalige Herrschaft überwältigen zu können. Häufig führt dieser Wandel, wie von Hobbes befürchtet, zu korrupten *failed States*, die im dialektischen Sinne auch nur Ausdruck der Urform von Staatlichkeit sind:

> „Viele nominelle Staatsgebilde erodieren auf das Niveau vormoderner politischer Verhältnisse, in denen die Regierung kaum mehr als die eigene Hauptstadt kontrolliert und ansonsten fragile Bündnisse mit regionalen Machthabern, Clans, Konzernen, Verbrecherkartellen, Warlords und Terrorgruppen schließen muss: also mit ›Zwischengewalten‹ von genau jener Art, wie sie im Prozess der Ausformung der europäischen Staatsidee als Korporationen im pejorativen Sinn – Hobbes ›Eingeweidewürmer‹ – aus dem Staatswesen eliminiert werden sollen.“[39]

Zerfallene Staaten (*failed states*), als auch kolonisierte und erbeutete Staaten heben vormals kriminelle Rackets auf die Repräsentationsebene. In handlungsunfähigen und schwach institutionalisierten Staaten dominieren diese para-staatlichen Gruppen der *Warlords*. Die Ursachen sind Armut und soziale Spaltung. *Warlords* müssen nun die Ressourcen neu verteilen und mit Gewalt regieren. Auch in den westlichen Gesellschaften sehen wir diese Spaltungstendenzen und die damit zusammenhängende Schwächung des souveränen Staatswesens in *No Go Areas*, *Gated Communities* oder Bürgerwehren. Sie sind nicht nur Indizien für

---

37 „Die rationale Begründung des Gehorsams bildete in den widersprechendsten Gestalten die Theorie des Staatsvertrags. (...) Die Vernunft des Vertrags bestand in der Übereinkunft zur Durchsetzung und Festigkeit eben der unvernünftigen Verhältnisse, auf deren Existenz die reaktionäre Kritik der Vertragstheorie sich beruft. Diese sprach die Wahrheit über die Beziehungen der Besitzenden untereinander aus, auf welche die Besitzlosen verpflichtet werden sollten.“ (Horkheimer 1987, S. 330)

38 Graeber/Wengrow 2022, S. 41 f.

39 Koschorke et al. 2007, S. 384

nicht überwundene feudale Traditionen, sondern immer erste Anzeichen der Entwicklung parallelgesellschaftlicher Strukturen zu parallelstaatlichen Strukturen. Ihr Pendant besitzen sie in der „Off-Shore-Souveränität" der „Super Rich", die sich schon in ihre Parallelwelt zurückgezogen haben. Die Racket-Muster der herrschenden Klasse werden damit offensichtlicher und müssen sich mit neuen, universalistischen Fortschrittsideologien legitimieren. Denn Aufstiegsversprechen und Partizipation werden fraglich. Sie sind das Treibgut liberaler Hoffnungen. „Wenn man am Vorrang des Rechten vor dem Guten festhält, wird soziale Wertschätzung zu einer Frage der privaten Moral; das macht Liberale blind für die Politik der Überheblichkeit und der Demütigung."[40]

Der materiellen Spaltung der Gesellschaft folgt eine ideologische Spaltung. Dann treten Rackets offensiver in Erscheinung, denn sie operieren zwischen Machterhalt und dynamischer Erneuerung. Auf der anderen Seite orientieren sich „verlorene Individuen" an dem gelernten Racket-Muster. Beispiele für diese „primitiven" Racket-Imitationen der Ausgeschlossenen können unter Kriegsheimkehrern in den Umbruchphasen liberal-reformierter Gesellschaften identifiziert werden. Sie tragen eine archaische Gewalterfahrung mit sich, die sich nur schwer mit der zweiten gesellschaftlichen Natur der liberal-kapitalistischen Konkurrenzgesellschaft vereinbaren lässt. Beispiele hierfür sind die Yakuza im Japan der Nachkiegsära, die Mafia im Italien nach dem *Risorgimento*[41], oder die Ringvereine und Freikorps der Weimarer Republik.[42] Auch die Hells Angels in der Zeit nach dem 2. Weltkrieg können hier eingeordnet werden.[43] Ihre Gründer fühlten sich als gedemütigte „Verlierer" der misslungenen Integration in die politisch-ökonomischen Verhältnisse. Sie begehren mit der politischen Praxis des Racket-Musters auf und sind damit zugleich Spiegelbild der eigentlichen Herrschaft. Charakteristisch für diese *kleinbürgerlichen*, kriminellen Banden

40 Sandel 2020, S. 233

41 Hess 1994

42 Schulte-Bockholt 2006

43 Thompson 2004

ist ihr schnödes Geschäftsfeld. Fast ausnahmslos betreiben sie Bordelle, Wettbüros, Glücksspiele und Drogengeschäfte. Sie sind damit immer von der staatlichen Kriminalisierung und somit von ihren Exekutivorganen abhängig und lassen sich darüber ihr Geschäftsmodell determinieren (z. B. in der Prohibition). Sie möchten gerne zu den herrschenden Klassen gehören, imitieren ihre Praxis und suchen ihre Nähe. Sie spielen den Kampf um Souveränität, der eigentlich schon längst von den herrschenden Klassen entschieden ist.

Dort, wo die herrschenden Klassen die Widerspenstigkeit ihrer Beutegemeinschaften nicht abwenden können oder wollen, wird ihnen also ihre Praxis gespiegelt. Das Kapitalverhältnis kommt dann zu seiner ureigensten Form, wenn Unternehmer sich wie Raubritter aufführen und die von ihnen Beherrschten aus Widerspenstigkeit illegale Rackets bilden. Al Capone in Chicago und Lucky Lucciano an der amerikanischen Ostküste waren zeitweise sehr erfolgreiche „Arbeiterführer", konnten in das Vakuum der Klassenkämpfe investieren und zahlreiche Betriebe unter ihre Kontrolle bringen. Selbst beim Kriegseintritt der USA war die amerikanische Regierung auf Lucciano als Kooperationspartner für den reibungslosen Hafenbetrieb an der Ostküste angewiesen. Diese amerikanischen Gangs herrschten als *das,* was sie in der amerikanischen Gesellschaft als Herrschaftsmoment wahrnahmen. Sie regierten über und mit staatlichen Apparaten.[44]

Die geringe Institutionalisierung des Klassenkonflikts in den USA ist Ursache für die *Freiheit* dieser mafiösen Widerstandsformen und prägte die Korruptionsbereitschaft der amerikanischen Gewerkschaften im *Big Labor* des *New Deal.* Aufgrund der rigiden Eigentumsrechte in den USA war es die einzige Chance, sich über die primitive Imitation der politischen Praxis der herrschenden Klasse Respekt vor derselben zu verschaffen. Zugleich führte sie zur konjunkturellen Verwendung des Racket-Begriffs in zeitgenössischen politischen Kommentaren. Der Racket-Begriff impliziert nicht ohne Grund seine Herkunft aus der Schutzgelderpressung, denn sie ist die erste Natur der politischen Praxis im kapitalistischen Staat. „Der Verbrecher

44 Pearce 1978

repräsentiert das unrationellere, primitivere Racket gegenüber dem vom Staat geschützten Klassenmonopol. Sein Beruf weist auf früh- und vorbürgerliche Formen der Herrschaft zurück; sie wuchern als Mafia und Camorra verachtet in der Gegenwart wie gestürzte Gottheiten, die vor der neuen Religion zu dämonischen Mächten geworden sind."[45]

Im Verbrechersyndikat besitzt das Racket seine „apolitische" Komponente, weil illegale Praxen politische Ideen nur als Beifang verfolgen. Die Kriminalisierung und Politisierung des „Banditentums" ist immer ein Beleg für sein Verhältnis zur herrschenden Klasse. Schnell können diese Banditen-Rackets als Terroristen oder Revolutionäre durch den formalen Staat kriminalisiert werden. Ebenso können kriminelle Rackets oder sogenannte Sozialbanditen (Robin Hood) vom Staat vereinnahmt und beauftragt werden. Dann werden sie entpolitisiert und diskursiv legalisiert, wie es auch häufig bei korrupten Personen der herrschenden Klasse geschieht.[46] Wenn Rackets, wie im neoliberalen Zeitalter, ihre Politik eindimensional auf *Entrepreneurship* konzentrieren, können sie sich in ihrer apolitischen Gestalt illegalen Rackets außerordentlich ähneln. Im Feld der Unternehmenskriminalität verbinden sich diese legalen und illegalen Charaktereigenschaften der Rackets und oft sind Gewerkschaften vermittelnde Intermediäre. So ist es nicht verwunderlich, dass in angelsächsischen Analysen über *Corporate Crime* (ob beim Skandal von *Bhopal*, *Deepwater Horizon* oder *Rana Plaza*) der Racketbegriff häufig verwendet wird.[47] Denn auch an diesen Fällen werden Merkmale der Klassenjustiz und der Klassenherrschaft deutlich, weil das formale Racket zum Klassenstaat treibt.

> „Das riesige intellektuelle und institutionelle Gerüst, das den Bereich der Delinquenz und der Kriminalität umreißt, hierarchisiert und kategorisiert, stigmatisiert Verstöße gegen manche Verbote, toleriert andere und lässt sie um sich greifen. Es ist streng gegenüber Gesetzesverstößen der breiten Masse und nachsichtig gegenüber solchen der Mächtigen, es verteilt gütliche Einigungen und

---

45 Horkheimer 1985b, S. 270

46 Alp Yenen „Banditen" vom 28. Juli 2020, unter: https://www.compendium-heroicum.de/lemma/banditen/; abgerufen am 10.07.2023

47 Granter 2017

> ungerechtfertigte Vergünstigungen ungleich, etwas, das Michel Foucault als differenzierte ›Verwaltung der Gesetzeswidrigkeiten‹ bezeichnet hat. Damals wie heute ist dies eines der offenkundigen und zugleich versteckten Rädchen im allgemeinen Mechanismus der Klassenherrschaft."[48]

Für Horkheimer ist im geschichtsphilosophischen Kontext das Racket die erste gesellschaftliche Natur der Klassenherrschaft im Staat. Dort ist die Urform der Souveränität angelegt, ob privat oder öffentlich ist gleichgültig, solange aus ihr Gewaltformen zur Selbsterhaltung resultieren. Das alte Ideal der *Volkssouveränität*[49] sollte dieses Racket-Muster überwinden und die zweite gesellschaftliche Natur eines zivilen Gemeinwesens hervorbringen, in dem die Menschenrechte über Eigentumsrechte und der daraus entspringenden Politik des Privilegs stehen. Diese emanzipative Variante unterscheidet vor- und parastaatliche Herrschaftsformen der Geschichte und Gegenwart von zivilisierter, demokratischer Politik solidarischer Gemeinschaften. Doch solange der emanzipative Fortschritt im Idealismus einer neuen Zeit nur mit den alten Praxen des Racket-Musters zu erringen ist, disqualifizieren sich auch seine Ziele. Die alten Praxen sind immer im Bewusstsein der widerspenstigen Individuen vorhanden. Solange sie nicht überwunden sind, scheinen auch die neuen Verhältnisse keine Zukunft zu haben.

48 Salle 2022, S. 144

49 Maus 1994

7. Rackets und Individuen

Die sozialpsychologischen Ursachen für die ausbleibende Emanzipation der Arbeiterklasse und ihr Scheitern vor dem Faschismus hatten die Annahmen der marxistischen Klassentheorie vor neue Herausforderungen gestellt. Die Protagonisten der Frankfurter Schule haben deshalb die Kritik der politischen Ökonomie um psychologische Begriffe erweitert, denn die profane Entfremdungsthese konnte nur schwerlich die Dialektik der Rationalität in Bewusstseinsformen erfassen. Die Psychologie des beginnenden 20.Jahrhunderts nahm irrationale Anpassungsformen des Individuums in der modernen Massengesellschaft in den Blick, wofür das Werk Gustave Le Bons gerade im Kontext des Faschismus eine bedeutende Rolle spielte.[1] Die zentrale Frage der Frankfurter Schule war, über welche subtilen Herrschaftsmechanismen die rationalen Erwartungen der Individuen beeinflusst werden. Also auch darum, inwieweit widersprüchliche Legitimitätsauffassungen Beutegemeinschaften als erste Natur der Klassen stabilisieren und welche irrationalen Motive dabei eine Rolle spielen.

In der *Dialektik der Aufklärung* diskutieren Horkheimer und Adorno die politische Identität von Masse und Individuum vor dem Hintergrund von Nietzsches Moralphilosophie. Entsprechend ist in der *Dialektik* die Rede von „paranoiden Bewusstseinsformen“ der „verlorenen Individuen“.[2] Für Franz Neumann ist es die Angst vor dem sozialen Abstieg, also vor der Aufkündigung einer etablierten Beutegemeinschaft, die als maßgebliches Mittel zur Stabilität eines politischen Herrschaftssystems dient. Er differenziert die Angst nach dem repressiven Charakter der

1 Le Bon 2009

2 Horkheimer/Adorno 1947, S. 231/232

Herrschaft – umso repressiver, umso paranoider die Angst der Beherrschten.[3] „Die Steigerung der Angst zur Verfolgungsangst gelingt dann, wenn eine Gruppe – Klasse, Religion, Rasse – von Statusverlust bedroht ist, ohne den Prozeß zu verstehen, der zu ihrer Degradation führt."[4]

Aus der Degradation folgt die soziale Demütigung des „verlorenen Individuums", dass häufig zum Erhalt seiner sozialen Würde auf selbst erfahrene Hierarchien zurückgreift. Sie äußern sich dann affektiv in sexistischen, rassistischen und antisemitischen „Phantasien" gegen irrelevante Adressaten. Diese irrationale, paranoide Adressierung ist den Rackets nur recht, weil dadurch von ihrer Herrschaftsposition abgelenkt wird.

Die soziale Frage ist immer eine affektive Frage[5], die sich zwischen individueller Würde, sozialen Kränkungen, politischen Anpassungen und ideologischen Wertvorstellungen bewegt. Sie impliziert enttäuschte Hoffnungen, missbrauchtes Vertrauen und der daraus resultierenden Empörung, also letztlich Betrugsempfinden. Versprechen und Erwartungen sind ihre Grundlagen im reziproken Herrschaftsverhältnis, also die Determinanten der offiziellen Politik. Heute würde man in Spinozas machiavellistischen Sinne von *Affekt-Management* reden, von einer Herrschaftstechnologie, die sich auch auf die fragile Abhängigkeit der Beutegemeinschaften, ob im Lohnverhältnis, im kartellierten Wirtschaftsverhältnis oder anderen legalen und illegalen Loyalitätsverhältnissen bezieht. Die Aufkündigung dieser Verhältnisse bringt individuelle Affekte der Enttäuschungen hervor. Es kommt zur Verbitterung, die aus dem Zusammenbruch des vormals geheiligten Schutzverhältnisses und den darin gesehenen Gewissheiten resultiert. Zugleich kann Empörung aber auch zur Revolution führen, die der Emanzipation des Individuums verschrieben ist. Michail Bakunin hat im hegelianischen Sinne des „Herr-Knecht-Verhältnisses" den „Trieb der Empörung" auch als revolutionäres Moment konstatiert. „Die Empörung gegen

---

3 Diese Angstmomente können schon unabhängig vom Wettbewerbsdruck durch die autoritäre Verschärfung von Sozialgesetzen verursacht werden.

4 Neumann 1986, S. 284

5 Spinoza 1909

diesen natürlichen Einfluß der Gesellschaft ist für den einzelnen viel schwieriger als die Empörung gegen die offiziell organisierte Gesellschaft, gegen den Staat, obgleich sie oft ebenso unvermeidlich sein wird wie die gegen die letztere."[6]

Die neoliberale Leistungsideologie setzt auf das „verlorene Individuum", das einem primitiven Anreizsystem ausgesetzt ist. Seine Empörung gilt als Abweichung. Der Liberalismus verabscheut Kollektive der subalternen Klasse, die entsprechende „Verbitterungen" und „Empörungen" in einer emphatischen Solidargemeinschaft auffangen und in Formen der gesellschaftspolitischen Widerspenstigkeit lenken könnten.[7] Deshalb wird der freie ökonomische Fall des „Masse-Individuums" in der Meritokratie als persönliches Problem diagnostiziert, obwohl es nur aus der Beutegemeinschaft und somit aus dem Schutz des Rackets herausfällt. Dann steht für das Individuum alles in Zweifel und das irrationale Ressentiment reproduziert sich aus der Abwendung von der ganzen Gesellschaft. „Die mehr oder weniger rasch wechselnden Zusammenschlüsse, Kompromisse und Streitigkeiten der Rackets bestimmen die politischen Maßnahmen. Der Einzelne ist Objekt der Manipulation, völlig ohnmächtig, wenn er nicht in einem Racket eine besondere Stellung einnimmt."[8]

Das „verlorene Individuum" steht nun mit seinen politischen Ansprüchen alleine da und ist nur noch Teil einer amorphen Masse. Es greift auf die *letzten* Gemeinschaftsmythen von Volk, Nation und Geschlecht zurück, um seine Komplizenschaft mit der Masse zu unterstreichen. Die Masse ist das Spiegelbild des Individualismus und verlangt nach einer imaginären Repräsentation.

> „In der imaginären Repräsentation verschwimmen die Massen irgendwo zwischen Passivität und wilder Spontaneität, doch stets bleiben sie potenzielle Energie, ein Grundstock des Sozialen und der sozialen Energie, heute noch stummer Referent, aber schon morgen, wenn die Massen das Wort ergreifen und aufhören werden, die ›schweigende Mehrheit‹ zu sein, Protagonist der Geschichte – nur dass die Massen eben keine Geschichte haben, die sich niederschreiben ließe, weder eine vergangene noch eine

---

6 Bakunin 1968, S. 257

7 Chamayou 2019

8 Horkheimer 1988e, S. 359

> zukünftige, sie verfügen weder über virtuelle Energien, die freigesetzt, noch über Wünsche, die erfüllt werden könnten: Ihre Macht ist *aktuell*, ganz und gar hier, es ist die Macht ihres Schweigens."[9]

Das „verlorene Individuum" begehrt auf, aber ohne Projekt, ohne Solidarität und oft ohne emanzipatorischen Anspruch. Verzweifelt ruft es nach Gemeinschaft und wird auf sich selbst zurückgeworfen. Es imitiert sich als Mitglied eines autonomen Kollektivs, damit es in der gesellschaftlichen Totalität anerkannt wird. Letztlich sehnt es sich nach dem Schutz eines Rackets, was am deutlichsten im sogenannten „Wutbürger" hervortritt:

> „Wenn wirklich, wie eine zeitgenössische Theorie lehrt, die Gesellschaft eine von Rackets ist, dann ist deren treuestes Modell gerade das Gegenteil des Kollektivs, nämlich das Individuum als Monade. An der Verfolgung der absolut partikularen Interessen des je Einzelnen läßt sich das Wesen der Kollektive in der falschen Gesellschaft am genauesten studieren, und wenig fehlt, daß man die Organisation der auseinander weisenden Triebe unter dem Primat des realitätsgerechten Ichs von Anbeginn als eine verinnerlichte Räuberbande mit Führung, Gefolgschaft, Zeremonial, Treueid, Treubruch, Interessenkonflikten, Intrigen, und allem anderen Zubehör aufzufassen hat. Man muß nur einmal Regungen beobachten, in denen das Individuum energisch gegen die Umwelt sich geltend macht, wie etwa Wut. Der Wütende erscheint stets als der Bandenführer seiner selbst, der seinem Unbewußten den Befehl erteilt, dreinzuschlagen, und aus dessen Augen die Genugtuung leuchtet, für die vielen zu sprechen, die er selber ist. Je mehr einer die Sache seiner Aggression auf sich selbst gestellt hat, um so vollkommener repräsentiert er das unterdrückende Prinzip der Gesellschaft. In diesem Sinn mehr vielleicht als in jedem anderen gilt der Satz, das Individuellste ist das Allgemeinste."[10]

Die Wut und Verbitterung verhält sich zur allgemeinen Zivilität und den bürgerlichen Tugenden der Toleranz und Mitmenschlichkeit, wie eine erste gesellschaftliche Natur zur „zweiten", darin ähnelt der Dissident den herrschenden Rackets. Dort, wo das Individuum aus dem Racket und seiner Beutegemeinschaft entlassen wird und es sich zugleich der willkürlichen, kapitalistischen Macht ausgesetzt fühlt, wird diese Macht verinnerlicht,

9 Baudrillard 2010, S. 8

10 Adorno 1993, S. 50

sozusagen traumatisch legitimiert im innersten Normensystem, um Würde zu stabilisieren und das Gewissen zu besänftigen. „Die Aggression des Gewissens konserviert die Aggression der Autorität."[11]

Es ist kein Wunder, dass der Racketbegriff auch in der Psychologie, in deren Transaktionsanalyse Einzug gehalten hat.[12] Dort beschreibt er das „Racketgefühl", dass im Unbewussten ein positives Gefühl besticht. Auch hier werden masochistische Züge deutlich, in denen Rituale und Treuekulte der Unterwürfigkeit und des Autoritarismus imitiert werden. Das Individuum erscheint durch seinen unbewussten Anpassungswillen von vornherein korrumpiert. „Die paranoiden Bewusstseinsformen streben zur Bildung von Bünden, Fronden und Rackets. Die Mitglieder haben Angst davor, ihren Wahnsinn allein zu glauben. Projizierend sehen sie überall Verschwörung und Proselytenmacherei."[13]

Das Individuum opfert seine Unabhängigkeit in Erwartung eines persönlichen Gewinns aus dem konstruierten Tauschverhältnis im Racket-Muster. Im Odysseus-Kapitel der *Dialektik der Aufklärung* ist der Opferkult, die Opfergabe der Ursprung der Mythologisierung des Tauschverhältnisses. Es beschreibt die masochistische Opferbereitschaft als religiösen Kult. Horkheimer und Adorno diskutieren diese subtilen Machtmechanismen des Tauschverhältnisses anhand der Initiationsriten des „primitiven" Stammes, in dem die „völlige Brechung der Persönlichkeit" verlangt wird, um in das patriarchalische „bevorzugte Racket der Zauberer" aufgenommen zu werden.

> „Das Verhalten des Einzelnen zum Racket, sei es Geschäft, Beruf oder Partei, sei es vor oder nach der Zulassung, die Gestik des Führers vor der Masse, des Liebhabers vor der Umworbenen nimmt eigentümlich masochistische Züge an. Die Haltung, zu der jeder gezwungen ist, um seine moralische Eignung für diese Gesellschaft immer aufs Neue unter Beweis zu stellen, gemahnt

---

11 Freud 1993, S. 114

12 Im *Handwörterbuch der Transaktionsanalyse* ist auf Seite 246 von dem Racket/Racketgefühl die Rede: http://www.mko-akademie.de/downloads/handbuch-der-transaktionsanalyse.pdf; abgerufen am 12.10.2020

13 Horkheimer/Adorno 1947, S. 231/232

> an jene Knaben, die bei der Aufnahme in den Stamm unter den Schlägen des Priesters stereotyp lächelnd sich im Kreis bewegen."[14]

Die gesellschaftlich erzeugte Aufgabe der persönlichen Autonomie ist letztlich die Ursache für die Verlorenheit des Individuums. Es ist nicht allein die soziale Interaktion in Gruppen, sondern vielmehr die Totalität eines psychologischen Unterwerfungsprinzips, wie es sich in scheinbarer Perfektion im Kapitalverhältnis und der Marktvergesellschaftung ausdrückt. Die „völlige Hingabe" des Individuums ans Racket-Muster ist der Preis für den Eintritt in die Komplizenschaft, um dem Aufstiegsversprechen zu folgen im Glauben später auf einem der höheren Ränge der Beutegemeinschaften partizipieren zu können. Diese Hingabe und diese Hoffnung wird als Freiheit empfunden. Hier offenbart sich die Herrschaftspsychologie der Mafia-Bande, deren *Padre* sich als Experte aller Formen der Unterwerfungstechniken beweist. Dort ist das Racket-Muster transparent und authentisch. Die Kontinuität der Herrschaftspraxis des Racket-Musters findet sich in vielen Formen der Vergesellschaftung, wobei es im aufgeklärten Normensystem der bürgerlich-kapitalistischen Gesellschaft eine äußerst widersprüchliche Gestalt entfaltet.[15]

Die Rackets der herrschenden Klassen verdecken die primitiven Elemente ihrer politischen Praxis mit kulturellem Kapital. Die abhängigen Klassen streben nach diesem Kapital für den Aufstieg. Je stärker die Ungleichheit, desto schillernder sind die herrschenden Codes der Reichen. Eine Haltung zu imitieren ist immer aus psychologischer Perspektive der einfachste Weg zu einer erfolgversprechenden Komplizenschaft. Das ist weitaus effektiver als durch eine Handlung Kompetenz zu beweisen. In den sozialen Medien kursieren populäre *Hashtags*, die Anleitungen zur Imitation herrschender Codes geben. Es verwundert nicht, dass in den letzten beiden Jahrzehnten die pathologisch-anmutende Mimikry von Hochstaplern eine äußerst große Verbreitung gefunden hat. Einer der anschaulichsten Fälle ist Anna

---

14 Horkheimer/Adorno 1947, S. 182

15 Man denke nur an die libertären Ansprüche der Tech-Unternehmen im Silicon-Valley, die staatliche Regulierung bekämpfen, aber zugleich Staatsprinzipien in Form totalitärer Wertesysteme imitieren.

Sorokin, die Prinzipale des New Yorker Establishments mit ihren Betrügereien bloßstellte.[16]

Rackets fordern die Loyalität der Komplizen mit der bedingungslosen Übernahme ihrer widersprüchlichen Ideologie. Sie dulden keine närrische Reflexion ihrer Riten[17], Codes und Praxen durch Hochstapler. Wer ideologisch unzuverlässig ist, bleibt draußen. Subtile Formen von Zwang und Gewalt kommen darin zum Vorschein. Deshalb kann der Racket-Ansatz als „eine Theorie der Gewalt gelesen werden, auf die sich die Herrschaft genetisch-kausal gründet und die auch in ihren höheren Vermittlungsformen stets noch den letzten Grund darstellt, auf den sich Herrschaft und Unterwerfung zurückführen lassen".[18]

Die Möglichkeiten der unterschiedlichen Gewaltformen sind nicht immer offensichtlich. Drohungen werden nicht ausgesprochen und Loyalitätsbrüche als Verrat gedeutet. Die Motive der „Verräter" resultieren oftmals aus einem Betrugsempfinden, analog zum Bruch des „ungeschriebenen Gesellschaftsvertrag" in einer aufgelösten Beutegemeinschaft. Autokraten und Rechtspopulisten machen sich die daraus resultierende individuelle Widerspenstigkeit zunutze, um für ein lukrativeres Racket zu werben. Sie verwenden die Begriffe der ersten gesellschaftlichen Natur, wie Rache und Vergeltung. Das spricht die Enttäuschten, Betrogenen und Verbitterten an, deren politisches Vertrauen in alle gesellschaftlichen Institutionen massiv geschädigt ist. Selbst die rational-nachvollziehbaren Wahrheiten leugnen sie, weil sie das Beuteversprechen und den sozialen Aufstieg „wahrhaft" geglaubt haben. Nun betreiben sie einen fundamentalistischen Anti-Intellektualismus, der in der Kritikfeindlichkeit der herrschenden Ideologie sein Pendant besitzt.

Hunter S. Thompson hat in seinem vielbeachteten Werk über die amerikanischen Hells Angels den Kern dieser Ideologie und Gewaltmotivation als „Ethik der totalen Vergeltung" beschrie-

---

16 https://www.welt.de/iconist/mode/article236816571/Betruegerin-Anna-Sorokin-Die-Garderobe-machte-den-Schwindel-perfekt.html; abgerufen am 8.07.2023

17 Graeber/Wengrow 2022, S. 140 ff.

18 Greven 1994, S. 161

ben.[19] Als Verlierer der Moderne richten sich die *Hells Angels* gegen technologischen, ökonomischen und politischen Fortschritt – zumindest das, was von ihnen so gedeutet wird. Sie sind *white trash* und sehen Intellektuelle als Verschworene des Fortschritts, die ein *Game* einläuten, in dem sie – die *Hells Angels* – keine Rolle mehr spielen werden, also verloren sind und außerhalb jeglicher Beutegemeinschaften verharren. Deshalb müssen sie zum eigenen Schutz ein „Anti"-Racket bilden und deutlich machen, dass sie moderne Herausforderungen und ihre Protagonisten hassen. Thompson stellt heraus, dass es sich dabei nicht um irgendeine Kompetenz dreht, auch nicht um widerspruchsfreie Haltungen (*Sie hassen Schwarze und trinken trotzdem mit ihnen Bier.*). Es geht lediglich um die Sabotage der laufenden Entwicklung und um das Ressentiment gegenüber dessen vermeintliche Protagonisten. Dieses Urprinzip des kriminellen Rackets fand Anwendung in der Politik des Donald Trump, weshalb der Hells Angels-Text von Hunter S. Thompson in den USA wieder Beliebtheit erfuhr.[20] Schließlich stellt Thompson dort schon rationale Fragen an ein irrationales Phänomen, so wie heute das liberale Establishment mit seinen rationalen Fragen an der populistischen Reaktion verzweifelt.

Der Ausgangspunkt für die Reaktion ist immer das materielle Verhältnis des Vereinzelten zu den etablierten Beutegemeinschaften, das oft mit dem Verhältnis zur gesellschaftlichen Totalität identisch empfunden wird. Schließlich sind es dieselben Ausschlussprinzipien, durch die soziale Gruppen entwürdigt und gedemütigt werden können. Die Ausgeschlossenen fühlen sich dann nicht nur betrogen, sondern glauben auch nicht mehr an die propagierten Versprechen und deren Repräsentanten. Sie wenden sich genauso wie die herrschenden Klassen von *der* Gesellschaft ab und versuchen ihre enttäuschten Erwartungen durch Gewalt in Racket-Imitationen einzulösen. Oft resultiert

---

19 Thompson 2004

20 Vgl. Susan McWilliams, This Political Theorist predicted the Rise of Trumpism. His Name was Hunter S. Thompson, in The Nation vom 15. Dezember 2016; unter: https://www.thenation.com/article/archive/this-political-theorist-predicted-the-rise-of-trumpism-his-name-was-hunter-s-thompson/; abgerufen am 12.10.2020

die Haltung der fortschrittsfeindlichen Reaktion aus einer psychologischen „Täter-Opfer-Korrelation", d.h. dass ehemals erlebte und als gesellschaftlich-legitim-empfundene Kränkungen nun als Täter vergolten werden wollen. Schon diese Haltung impliziert die masochistische Erfahrung und appelliert an denselben autoritären Charakter, dem sich das Individuum unterworfen hatte. Im „Masochismus" kommt die Widersprüchlichkeit zwischen erfahrener Kränkung, fehlender sozialer Bewältigung durch Emanzipation und der Bereitschaft zur Kränkung anderer zum Ausdruck. Es ist die gelebte „Ethik der Vergeltung". Das Racket soll ihr Ort sein.
Die Bereitschaft zur Anpassung, Unterordnung und Gewalt der Racketeers hängt mit den Möglichkeiten für Verrat, Intrige und Putsch im Racket unmittelbar zusammen, denn Kränkungen werden ebenso individuell interpretiert wie die Motive der Herrschaftspraxis, wo es häufig um persönliche Vorteile geht und Komplizenschaften allein ihnen dienen. Patriarchale Muster der Gewaltreproduktion sind für die Praxis im kriminellen Racket von großer Bedeutung. Letztlich kommt in der Autoritätsfixierung, dem Wunsch nach Anerkennung, die psychologische Voraussetzung für die Unterwerfung in Komplizenschaften zum Tragen. Es wirkt nicht verwunderlich, dass Mafiabosse auch als *Padre* bezeichnet werden, als heilige Vaterfigur. Ihr Wort ist Gesetz und unhinterfragbar.

In heutigen Rackets zählt die vom ideologischen Trend beeinflusste Leistungsmaxime zur Eintrittsgarantie ins Racket, gleich welcher Mittel sie sich bedient. Leistungskonkurrenz spaltet, schafft Misstrauen und lässt die Beutegemeinschaft besser beherrschen. Die liberale Meritokratie ist deshalb der ideale Ort für das *Mimikry*-Prinzip im Racket-Muster. „Wo, wie in der Gegenwart, die Grenzen zwischen respektablen und illegalen Rackets objektiv fließend sind, gehen auch psychologisch die Gestalten ineinander über."[21]

Das bürgerliche Racket muss Individuen nach den ökonomischen und sozialen Losungen integrieren, denn es muss dynamisch bleiben, anpassungsfähig und offensichtliche Widersprüche der

21 Horkheimer 1985b, S. 275

Ideologie verdecken. Je stärker die Ideologie Gesellschaft negiert und bekämpft, desto stärker bringt sie archaische Praxen hervor, wie im Falle der Meritokratie, die Demütigung und Hochmut reproduziert.[22] Der Hochmut der „Reichen“ entspringt der egoistischen Selbst-Legitimation. Und trotzdem „stellt sich also die Frage, ob schäbige, gierige und empathielose Menschen reich werden, oder ob die Tatsache, dass sie reich sind, die Wahrscheinlichkeit, schäbig zu werden, erhöht.“[23]

Befunde sozialpsychologischer Studien kamen zu Ergebnissen, dass Menschen die erst reich geworden sind, eher dazu neigen, „Gier als etwas Gutes zu betrachten, das Klassensystem als gerecht und meritokratisch anzusehen und sich ihren Erfolg als ihren eigenen Verdienst anzurechnen...“[24] Reiche Menschen entfernen sich vom gesellschaftlich Allgemeinen, wenn ihnen ihr Erfolg als gerechtfertigt erscheint. Sie verhalten sich weniger hilfsbereit und leiden unter „Empathie-Erschöpfung“, die ihre Gewaltbereitschaft erhöht. Sie sind im Racket nur genötigt ihren Reichtum mit mal mehr oder weniger lukrativen Beutegemeinschaften abzusichern. Ihr Selbstbild steht dabei diametral zu ihrem Urteil über die *Beherrschten*. Sie sind keinesfalls glückliche Personen. Das Racket-Muster schafft kein Glück, es schafft nur Macht und Reichtum. Die Verdrängung kooperativer Eigenschaften führt auf die Dauer zur „Sinnentleerung“ und kann traumatische Störungen verursachen.[25]

Das Racket-Muster ist kein allgegenwärtiges Integrationsprinzip unmoralischer, individueller Haltungen materiell begünstigter Personen. Es ist ein Herrschaftsprinzip zur Absicherung von Reichtum, das erst Haltungen produziert, Individuen in ungleiche Beziehungen setzt und qua sozialer Interaktion Anpassungen an widersprüchliche Wertvorstellungen bündelt. Es

---

22 Sandel 2020

23 Sapolsky 2017, S. 690

24 Sapolsky 2017

25 Der Artikel „Power causes Brain Damage“ von Jerry Useem im Juli/August 2017 im *Atlantic* hat in einigen amerikanischen Onlinemedien eine starke Kontroverse ausgelöst: https://www.theatlantic.com/magazine/archive/2017/07/power-causes-brain-damage/528711/; abgerufen am 8.07.2023

gilt, dieses grundsätzliche Praxis-Prinzip zu hinterfragen und nicht die Haltung und Wertvorstellung der beteiligten und betroffenen Menschen. Der „masochistische Charakter" macht die subtilen Zwänge und Gewaltgrundlagen der widersprüchlichen Ideologien deutlich. Verbitterung, Demütigung, Misstrauen und Betrug resultieren aus den irrationalen Racket-Verhältnissen, die nicht mit neuen, moralischen Techniken der Unterwerfung zu befrieden sind.[26] Rackets und Racketimitationen negieren Gesellschaft und bedienen sich der immergleichen psychologischen Mittel der Individualisierung, die in widersprüchlichen Ideologien verschleiert werden und durch Komplizenschaften gesichert sind. Ihre Praxis ist komplex und bedarf einer grundlegenden Kritik, die nicht an ihren Äußerlichkeiten verharrt. Das ist die Ausgangsvoraussetzung für eine politische Initiative, die sich im entpolitisierten Zeitalter des Neoliberalismus durchsetzt.

---

26 Lebensratgeber und Coachingseminare erleben gegenwärtig ihre größte Verbreitung in den westlichen Ländern. Sie dienen der Individualisierung sozialer Verhältnisse und propagieren die „Techniken der Unterwerfung".

8. Die Sichtbarkeit der Rackets im Neoliberalismus

Rackets haben es im neoliberalen Zeitalter leicht. Sie müssen sich aufgrund der überspitzten, ökonomischen Maxime selten für ihre Praxis rechtfertigen und können Kritik aufgrund diskursiver Verschiebungen von wirtschaftlicher Legalität und politischer Legitimität neutralisieren. Legale und illegale Racketmotive werden von den ideologischen Prämissen der Meritokratie vermengt.[1] Legitim erscheinen die Akteursverflechtungen zwischen Politik und Wirtschaft unter dem technokratischen Primat der Wirtschaftskompetenz. Legal sind Praxen der Steuerhinterziehung und Staatsplünderung, die durch die *Paradise*, *Panama -und Pandora Papers* bekannt wurden. Die „geleakten" Namenslisten dieser *Papers* lesen sich wie Racket-Illustrationen der *Yellow Press*, samt wirtschaftlicher Prinzipale und politisch-administrativer Agenten: vom europäischen Adel, über amerikanische Neureiche aus dem IT-Sektor, russische und chinesische Oligarchen, arabische Prinzen, afrikanische Warlords, europäische Fußballtrainer, deutsche Models, spanische Popstars bis hin zu sozialdemokratischen Bürgermeistern skandinavischer Hauptstädte. Viele von ihnen wurden oftmals von Beratungsunternehmen und spezialisierten Rechtsanwaltskanzleien in die Steueroasen gelockt und leben nun ihre „Off-Shore-Souveränität" als „citizens of a brave

1 Michael Sandel (2020, S. 18) schildert diese Verschiebung von Legitimität und Legalität an dem anschaulichen Beispiel des Betrugs- und Bestechungssystems, mit dem reiche Eltern ihre Kinder an amerikanische Eliteuniversitäten platzieren wollten. Das System flog im März 2019 auf und in den Verhandlungen mit der Staatsanwaltschaft kam die Frage auf, ob der illegale „Seiteneingang" über das Bestechungssystem illegitimer wäre, als die „Hintertür" über eine legale Spende an die Universität, mit der viele Eltern ihre Kinder dort platzieren.

new virtual country" aus.[2] Oft finden sich ehemalige Minister und Generalstaatsanwälte unter den Mitarbeitern der vermittelnden Kanzleien und Beratungsagenturen.[3] Die Konstruktion völlig unabhängiger Souveränitätsräume in „virtuellen" Ländern zählt nicht nur zu einem Merkmal des neoliberalen Zeitalters, es ist die ideale Begünstigungsstruktur der Rackets.

Deshalb lassen sich Rackets in vielen Skandalen der Neuzeit äußerst anschaulich identifizieren. Sie stehen hinter Parteispendendelikten, Finanz- und Immobilienskandalen, Beraterafffären, Subventionskriminalität, Geldwäsche und der Verhinderung und Gestaltung politischer Regulierung auf nationaler und EU-Ebene. Außerdem wird in vielen dieser Fälle zunehmend wegen „bandenmäßigen Betrugs" ermittelt, wie beim Dieselskandal um Volkswagenmanager, dem *Wirecard*-Skandal oder bei Kursmanipulationen auf Finanzmärkten. Die eigennützigen Legitimitätsauffassungen der Beteiligten werden häufig als Einzelfall in der strafrechtlichen Aufarbeitung bewertet. Die Legitimitäts- und Legalitätsauffassungen in diesen Prozessen sind immer ein Ausdruck herrschender gesellschaftlicher Wertvorstellungen. Sie offenbaren das Gerechtigkeitsempfinden unserer Gesellschaften. „Die Anatomie des politischen Skandals verweist auf die Anatomie der bürgerlichen Gesellschaft ..."[4]

Der öffentliche Diskurs verdrängt und verdeckt nicht nur die Folgen des extremen Wirtschaftsliberalismus, wie Gewalt, Korruption, Unternehmenskriminalität und extreme Ungleichheit, sondern auch deren Ursachen. Die kurzlebige Thematisierung von Skandalen im Gegensatz zu den 80er und 90er Jahren steht nicht im Verhältnis zu den dort behandelten finanziellen und volkswirtschaftlichen Schäden, erst recht nicht im Vergleich zum propagierten Narrativ des Sparstaates mit Schuldenbremse und den daraus resultierenden Kürzungen sozialpolitischer Ausgaben.

Aber nicht nur an der öffentlichen Auseinandersetzung über Korruption, Herrschaft und Ökonomiekritik mangelt es, auch

---

2 Henry James, The Price of Offshore revisited, in Taxjustice, Juli 2012: https://www.taxjustice.net/cms/upload/pdf/Price_of_Offshore_Revisited_120722.pdf; abgerufen am 11.08.2020

3 Pandora Papers, in: *Süddeutsche Zeitung* vom 4. Oktober 2021, S. 9

4 Ebbinghausen 1989, S. 178

der geisteswissenschaftliche Diskurs hat sich zunehmend von der Sozialkritik verabschiedet. Wenn auch viele positivistische Analysen, wie die neoliberale Institutionenökonomie, interessante Befunde über die Widersprüchlichkeit zeitgenössischer Herrschaftspraxis – meist unbeabsichtigt – bereithalten, so entbehren sie des kritischen Anspruchs. Weder wird Herrschaft direkt benannt, noch Kritik an ihr geäußert. Cornelia Klinger brachte die gegenwärtig verbreitete Herrschaftsaversion mit folgenden Worten präzise auf den Punkt: „Unter den prinzipiell macht- und herrschaftsaversen Bedingungen der Moderne ist die bis zur Verleugnung gehende Tendenz der Entnennung, De-Thematisierung der Problematik die erfolgversprechendste Strategie zur Aufrechterhaltung etablierter Macht- und Herrschaftsverhältnisse."[5]

Individuelle Betroffenheiten haben die grundlegende kritische Reflexion sozialer Verhältnisse abgelöst. Das ist allerdings kein Hindernis für emanzipativen Fortschritt, zum Beispiel in der Überwindung von Geschlechtsstereotypen und den daraus entspringenden Diskriminierungen. Hier wird die Dialektik des Liberalismus deutlich, der emanzipative Bewegungen fördert und integriert, solange sie keine Machtstrukturen (im Racket-Muster), also Eigentumsverhältnisse, materielle Ungleichheit und politischen Einfluss in Frage stellen. Ebenso werden große, gesellschaftliche Kollektive als Feinde wahrgenommen, weil sie in der Demokratie eine Herausforderung für liberale Rackets darstellen. Zur Nivellierung der Ökonomiekritik wird ein ahistorisches Gesellschaftsbild im Zuge der *end of history*-Kampagne propagiert, in dem nur noch psychisch und physisch optimierte Individuen Voraussetzung für sozialen Fortschritt sind. Sozialkritik wird nicht mehr anders als aus einer „mikropolitischen Perspektive"[6] der Eigenverantwortung verstanden. Diese Ideologie ist inzwischen so wirkmächtig, dass sie mit all ihren Widersprüchen zur *Self Fulfilling Prophecy* wurde. Die Vorstellung von einer guten Gesellschaft wird dann nur noch zur Frage der guten Moral, der sich das „verlorene" Individuum anpassen muss.

---

5 Klinger 2017, S. 29

6 Chamayou 2019, S. 325

Neoliberale Politik steht diametral zum solidarischen Gemeinwesen, denn allein Mindeststandards definieren seinen eingeengten Kosmos des „Sozialen“: vom Mindestlohn über die Grundrente bis hin zum bedingungslosen Grundeinkommen; ebenso die Ideen für globale Mindeststeuern. Sozialpolitik beginnt wieder dort, wo sie im Frühkapitalismus mal angefangen hat: in Hilfsvereinen, Tafeln, Suppenküchen, Wärmestuben, Obdachlosenheimen und *Charity*-Aktionen. Das sind die Orte der „Verlierer“, der Gedemütigten und Armen, die ehemals als Landstreicher und Vagabunden in Arbeitshäuser interniert wurden. Die Totalität der Marktlogik reicht soweit, dass humanistische Ansprüche der Solidarität und gegenseitigen Hilfe als Tauschprinzipien gedacht werden. Dadurch kann sich die herrschende Klasse sehr leicht aus der gesellschaftlichen und humanistischen Verantwortung lösen. Wo Gesellschaftspolitik abgeschafft und privatisiert wird, entsteht ein Klima der „Apolitik“, in dem sich Rackets mit ihren archaischen Handlungsmustern ausleben können.

Aber auch Rackets müssen ihren Reichtum legitimieren und ihre Privilegien schützen. Sie wählen im öffentlichen Diskurs den affektiven Neidvorwurf gegen die Ansprüche der von ihnen gemachten Verlierer. Das erweckt den Eindruck, sie würden sich in einer unantastbaren Position spätfeudalen Gottesgnadentums wähnen, in der stets *das Mögliche das Gerechte* darstellt. Betrug und Korruption erlangen durch diese Strategie der Entpolitisierung eine anerkannte Normalität. Negri und Hardt beschreiben sie anhand der Privatisierungs-Korruption auf den Finanzmärkten:

> „Der Kapitalismus ist vollständig in diese Privatisierungs-Korruption verwickelt. Wie der Heilige Augustinus sagt: Die Herrscher sind lediglich vergrößerte Darstellungen kleiner Diebe. So realistisch Augustinus aber mit dieser pessimistischen Auffassung von Macht auch immer gewesen sein mag: Angesichts der heutigen Diebe in Währungs- und Finanzmacht würde es ihm vermutlich die Sprache verschlagen. Denn wenn der Kapitalismus sein Verhältnis zum Wert verliert (und zwar sowohl als Maß individueller Ausbeutung wie auch als Norm kollektiven Fortschritts), erscheint er unmittelbar als Korruption. Seine zunehmend abstrakte Funktionsweise (von der Akkumulation des Mehrwerts hin zur Finanz-

> und Währungsspekulation) erweist sich als machtvoller Marsch in Richtung generalisierter Korruption."[7]

Den Herrschenden ihren Betrug gegenüber den Beherrschten vorzuhalten, klingt recht banal und verursacht in der Regel keine Veränderung ihrer Praxis. Nur die Infragestellung ihres primitiven Privilegs – das eherne „Recht des Stärkeren" – offenbart ihre Motive als profane Selbstsucht. Die Ergebnisse der Korruptionsforschung zeigen kontinuierlich diese selbstbezügliche, politische Praxis am Abgrund sozialer Werte. Das archaische Prinzip der Staatlichkeit ist dabei im Racket-Muster immer erkennbar, wenn Bestechung und informelle Einflussnahme konstituierend sind. Vielleicht hat die politisch-ökonomische Praxis der Rackets im Kapitalverhältnis besondere Determinanten unterstützt.[8] „Man kann sogar die Mehrwerttheorie als die Ausdehnung der Korruption von der politischen auf die ökonomische Sphäre beschreiben."[9]

Nun hat sich die Politik zum Moderator und Handlanger der ökonomischen Herrschaft selbst degradiert. Das offenbart umso deutlicher ihre *immer mögliche* Einbindung in die politische Praxis der Rackets.

Die neoliberale Ideologie ist eigentlich keine kohärente Ideologie, sie ist vor allem eine politische Technologie.[10] Neoliberale Intellektuelle haben das *Kunststück* vollbracht, eine ideologische Komplizenschaft mit verschiedenen gesellschaftlichen Gruppen und emanzipativen, politischen Richtungen aufzubauen. Hierfür verwischen sie die Unterschiede zwischen wirtschaftsliberalen Werten und den Werten des politischen Liberalismus. Der Wirtschaftsliberalismus der Eigentums -und Vertragsrechte

---

7 Hardt/Negri 2002, S. S. 397

8 Marxistische Sozialkritik subjektiviert gerne den historischen Kapitalismus und vernachlässigt seine Akteure, Treiber und Gestalterinnen. Dadurch wird nicht nur die Dynamik kapitalistischer Entwicklung zum Naturverhältnis erklärt, sondern auch das Kapitalverhältnis, ähnlich wie der Liberalismus den Markt zum mythologischen Subjekt erhebt. Hier liegt die Kernintention der Rackettheorie, die Praxismuster der herrschenden Klasse in den Blick nimmt, statt subjektlose Wahrheitsspiele, Kapitalismusmaschinen oder „Gottes Hand" im Markt zu deklarieren.

9 Pocock 1993, S. 93

10 Chamayou 2019

ist dominant und wird in der Verquickung mit den liberalen Freiheitsrechten geschützt. Das immunisiert den *status quo* gegen grundsätzliche Kritik. Viele politisch-unterschiedlich orientierte Menschen würden völlig nachvollziehbar niemals ihre liberalen Grundwerte in Frage stellen, selbst wenn sie allein von wirtschaftsliberalen Doktrinen instrumentalisiert werden. Die ideologische Komplizenschaft wirkt, denn neoliberale Ideen fokussieren sich lediglich auf Freiheitswünsche und wirtschaftliche Möglichkeiten. Sie fokussieren nicht auf Gerechtigkeit, Schutz vor Armut, Kollektivrechte, Gemeinsinn und Solidarität.

Die individuelle Freiheitsansprache zielt auf die Privatheit, womit allgemeine politische Ansprüche im *Social Engineering* auf ein mikropolitisches Anreizsystem reduziert werden. Private Schulen, private Krankenversicherungen, private Suppenküchen, private Wasserwerke sind nur einige Phänomene, die keiner gemeinschaftlichen Legitimation bedürfen. Die Aushöhlung der „Allgemeinheit des Staates", seiner gemeinwohlorientierten Angebote, untermauert diese Technologie. Für den Chefideologen des Neoliberalismus Friedrich Hayek waren Gemeinwohl, Solidarität, öffentliche Güter und gesellschaftliche Kollektive die Ursachen totalitärer Herrschaft.[11] Diese absurde Annahme widerspricht nicht nur allen geläufigen Gesellschaftstheorien und Faschismusanalysen, sie wird auch vom gegenwärtigen Aufstieg des Rechtspopulismus widerlegt, der sich von den archaischen Motiven des Neoliberalismus inspirieren lässt.

Die widersprüchlichen Deutungen liberaler Werte werden tagtäglich ersichtlich. So kann zwischen der „Internationalisierung der menschlichen Beziehungen" und der „Globalisierung des Kapitalismus" unterschieden werden, zwischen der politischen Gleichheit Aller und der gleichen Marktintegration Aller, zwischen dem politischen Liberalismus der Grundrechte und des rein wirtschaftlichen Liberalismus der Eigentums- und Vertragsfreiheit. Die Ambivalenz der liberalen Werte drückt sich schon in den europäischen Revolutionen, der Aufklärung und ihren intellektuellen Trägern aus. Nicht ohne Grund werden die

11 Hayek 2014

Entwürfe von Hobbes und Locke, oder Montesqieu und Rousseau heute wieder kritischer diskutiert und gegenübergestellt.[12]

Der Neoliberalismus ist eigentlich ein Re-Liberalismus, denn er imitiert vergangene Kämpfe. Schon in seinem Frühstadium nach den bürgerlichen Revolutionen in England, Frankreich und den USA galten ihm *Kollektive des Volks* (Parteien, Gewerkschaften etc.) als Gefährdung bürgerlicher Herrschaft. Deshalb begrenzten die bürgerlichen Revolutionäre die Koalitionsfreiheit[13], auch wenn sie zugleich die Versammlungsfreiheit stärkten. Erst die Revolutionen von 1848 haben die Koalitionsfreiheit verfassungsgemäß in Europa erkämpft. Rousseau und auch die englischen *Levellers* wollten keine zwischen Staat und Individuum vermittelnden Instanzen, die an die autonomen Korporationen und Kartelle (Zünfte, Gilden, Logen) des Feudalismus erinnerten. Damit ignorierten sie dieses aufkommende „Machtvakuum". „Sowenig der Staat die Zünfte als quasi-souveräne Institutionen (mit eigenem Rechts- und Besteuerungssystem) *neben* sich dulden konnte, so wenig konnte er auf ihre soziale Ordnungsfunktion zunächst ganz verzichten."[14]

Ihr Verbot zwang viele dieser Korporationen in den *Untergrund*, wo sie nun als informelle Rackets agierten (z.B. die Freimaurer). Aber weitaus problematischer erschien an dieser Entwicklung das ordnungspolitische Defizit der liberalen Theorie, die nur auf Gewerbefreiheit setzte und damit den Weg für unbegrenzte Eigentumsmaximierung ebnete. Die liberale Theorie haderte mit demokratischen Kollektiven, die der herrschenden Kapitalistenklasse freie Handlungsspielräume beschränkt. Der frühe Liberalismus strebte zunächst zur geringstmöglichen Vereinheitlichung von Recht und Gewalt im „Nachtwächterstaat", um die Dynamik bürgerlicher Rackets vollends zu entfesseln.

> „Naiv und blind war die liberale Theorie vor allem in einem Punkt, aus dem Marx seine Klassentheorie entwickelte, nämlich in ihrer Annahme, die privatrechtliche Gleichstellung der Marktakteu-

---

12 Z.B. Mishra 2017

13 Die gegenwärtig aggressivste Form zur Verhinderung der Vereinigungsfreiheit ist das sogenannte „Union Busting": https://aktion.arbeitsunrecht.de/de/aktiv-gegen-union-busting/; abgerufen am 21.10.2020

14 Eiden-Offe 2020, S. 71

re allein stelle schon ihre soziale Chancengleichheit sicher. Das offensichtliche Problem war, wie eine auf dem privaten Tausch begründete Gesellschaft mit den Armen und Besitzlosen umgehen soll, das heißt mit denjenigen, die am Markt gar nichts anzubieten haben und deshalb faktisch von der ›kommerziellen Gesellschaft‹ Adam Smiths ausgeschlossen sind."[15]

Die liberale Theorie möchte zur Auflösung dieser Defizite den Besitzbürgern eine moralische und rechtliche Verantwortung und Rechenschaftspflicht auferlegen. Aus diesem Anspruch entwickelte sich der Republikanismus. Er begründet die „Checks and Balances" in den USA und immer wiederkehrend auch punktuelle Maßnahmen zur Einschränkung wirtschaftlicher Dominanz (wie die Anti-Trust-Gesetzgebung). Damit sind keinesfalls die Eigenschaften des Racketeering ausgeschlossen, wie es schon Kirchheimer mit seiner Metapher des „nachwachsenden Spinnennetzes" bezüglich der Anti-Trust-Gesetze darlegte.[16] Aber zumindest zieht damit die Dialektik von „Tugend und Korruption zur Eindämmung des politischen Betrugs" in den liberalen Diskurs ein.[17] Und der Begriff der Freiheit wird um den Anspruch einer „Freiheit vor sozialer Not" erweitert, die im gegenwärtigen, meritokratischen Neoliberalismus keine Rolle spielt.[18] Die Verantwortungslogik des Republikanismus manifestiert sich im „ungeschriebenen Gesellschaftsvertrag" entgegen bürgerlichen Vertragstheorien, die diese intentionale Gerechtigkeit eher konstitutionell unter dem Primat der individuellen Rechte (z.B. auf Eigentum) institutionalisieren wollen.[19]

Die republikanische Tugend profiliert den zivilen Liberalismus. Sie beinhaltet soziale Gerechtigkeit, die als öffentliches In-

---

15 Deutschmann 2019, S. 6-7

16 „So ist die Anti-Trust-Politik der amerikanischen Regierung mit einem Wanderer vergleichbar, der im einsamen Wald Spinnweben zerstört, die eine Spinne unachtsamerweise über seinem Weg aufgehängt hat. Aber diese Spinne wartet geduldig, bis der Wanderer verschwunden ist, und beginnt dann unverzüglich mit einem neuen Netz, bis sie wieder den Stand der Arbeit ihrer Artgenossen erreicht hat." (Kirchheimer 1964, S. 85)

17 Maak/Ulrich 1999

18 Die Losung „Freiheit vor sozialer Not" erlangte im „New Deal" durch den US-Präsidenten Roosevelt Berühmtheit.

19 Kronauer 2020, S. 183

teresse und nicht als reine ökonomische Kategorie der Verteilung aufgefasst wird. Das heißt: Wer seine Eigentumsrechte gegen das öffentliche Interesse oder das Gemeinwohl missbraucht, ist korrupt. Denn dieser Missbrauch transformiert die repräsentative Demokratie zu einer Oligarchie der selbstdeklarierten „Gewinner", weil sich die herrschenden Klassen unter Bedingungen massiver, sozialer Ungleichheit „erhärten". Das wird auch an der personellen Kontinuität in ihren Strukturen offensichtlich. „Ungleichheit bedeutet weniger soziales Kapital, weniger Vertrauen, weniger Kooperation und nicht zuletzt Leute, die sich weniger umeinander kümmern."[20]

Der Kapitalismus kann mit dieser Entwicklung weiterleben, aber die Demokratie wird nachhaltigen Schaden erleiden, denn eine solche Gesellschaft spaltet sich in letzter Instanz gewaltförmig. Eine Alternative für die „verhärteten" Rackets bildet immer der autoritäre Sicherheitsstaat, wie in Russland, China, der Türkei oder Ländern Lateinamerikas. Diese Zustände sind das Gegenteil einer funktionierenden demokratischen *Volkssouveränität.*[21]

Aber nicht allein die Oligarchie gefährdet die Demokratie. Weit mehr sind es die meritokratischen Prinzipien des Wirtschaftsliberalismus, die das Empfinden von Betrug und Ungerechtigkeit provozieren.[22] Völlig neutralisiert davon erscheint zunächst die sogenannte Mitte. Sie hat einen sicheren Platz in den Beutegemeinschaften, den Leistungsgedanken verinnerlicht und fühlt sich letztlich nicht nur in Komplizenschaft mit dem herrschenden Diskurs, sondern auch mit den herrschenden Rackets. Sie möchte auch Gewinner sein und grenzt sich dafür gerne von den Verlierern ab. In extremen Fällen grenzt sie sich auch räumlich ab und zieht in *Gated Communities*, die nicht mehr klassenübergreifend sind, wie es der Schützenverein, der Turnverein oder der Musikzug ehemals waren.[23] Die gesellschaftspolitische

---

20 Sapolsky 2019, S. 384

21 Maus 1994

22 Sandel 2020

23 Der Verfall dieser gewöhnlichen, klassenübergreifenden, lokalen Gemeinschaften hat längst eingesetzt, wie es Robert Putnam (2000) schon zu Beginn des Jahrtausends in seinem Werk „Bowling Alone" für die USA beschrieben hat.

Abgewandtheit der zentristischen Beutegemeinschaften macht Klassenherrschaft unsichtbar. Deshalb erscheint für sie soziale Kritik und Politik entbehrlich, wenn nicht sogar störend. Christoph Möllers beschrieb diese Politikabstinenz der selbst-stigmatisierten, gesellschaftlichen Mitte folgendermaßen: „Vielleicht, weil die bürgerliche Mitte es sich angewöhnt hat, an eine Welt ohne Politik zu glauben, oder zumindest an eine, in der Politik ihr weder etwas nehmen noch geben kann."[24]

Die entthronte Politik benötigt die subventionierte Mitte nur noch zur Wiederwahl aus Komplizenschaft. Sie selbst benötigt die Politik nur zur Stabilisierung ihrer materiellen Lage außerhalb ihrer wohlwollenden Rackets und Beutegemeinschaften. Dieser Widerspruch wirkt fatal, wenn die „Mitte" aus der Beutegemeinschaft fällt und sich die Komplizenschaft mit der herrschenden Klasse als Chimäre erweist. Dann fühlt auch sie sich betrogen, schließlich hat sie mit ihrem ideologischen Zentrismus die Entpolitisierung vorangetrieben und damit die politische Praxis der Rackets in den herrschenden Klassen stabilisiert und gesichert. Die sich amorph bezeichnende Mitte als Abweisung verdächtiger Klassenlagen ist das Sammelbecken „verlorener Individuen" in der Masse. Den Clubgemeinschaften der herrschenden Klassen ist der Abstieg der Mitte-Subjekte ebenso gleichgültig. Für sie ist die dynamische Erneuerung der Rackets weitaus bedeutender. Diese Haltung manifestiert den Betrug, den Verrat und die Opferhaltung. Sie treibt das „verlorene Individuum" zu Verschwörungsmythen und *Fake News*. „Denn die Negation des Politischen, die in jedem konsequenten Individualismus enthalten ist, führt wohl zu einer politischen Praxis des Misstrauens gegen alle denkbaren politischen Mächte und Staatsformen, niemals aber zu einer eigenen positiven Theorie von Staat und Politik."[25]

Der Neoliberalismus kennt keine Gesellschaft und fordert deswegen eine Politik der Lobbyinteressen. Die „Entthronung der Politik"[26] richtet sich nicht gegen den Staat, denn er soll ein Bollwerk gegen die Politisierung der Gesellschaft bleiben und

---

24 Möllers 2017

25 Schmitt 1996, S. 69

26 Slobodian 2019

apolitische „Nicht-Entscheidungen“ fördern. Politik soll ihrer allgemeinen Makro-Substanz entledigt werden, damit sich alle Ansprüche allein um die Rechtsform mit ihren Prämissen der Eigentums- und Vertragsrechte drehen. Sie bestimmen den Verlauf des Möglichen. Marktautoritarismus und Wettbewerbsstaat verschränken sich damit in nur *einer* Klassenpolitik – die der herrschenden Klassen.

Vogl nennt die Grundlage dieser eindimensionalen Ideologie *Oikodizee*[27] –, die westliche Gesellschaften über den Glauben an ökonomische Prozesse säkularisiert. In der zeitgenössischen, extremen Variante tritt auch das Gemeinwohl aus der Politik und es entsteht der „Zauber der Herrschaftsüberwindung“, der dem entpolitisierten Liberalismus und seinen libertären Varianten zu eigen ist. Märkte und Wettbewerb werden in der *Oikodizee* nicht differenziert, sondern nur als pauschales *erstes* Naturverhältnis zur Legitimation und Durchsetzung von Ausbeutungsinteressen der herrschenden Klassen genutzt. Die *Oikodizee* zementiert Diskursverschiebungen im öffentlichen Raum. Macher (*Maker*) sind nun gefragt und Wirtschaftsspitzen halten keine Reden, sondern Predigten[28]. *Senior Innovation Evangelists* sind Berufsbezeichnungen der Propaganda-Manager in den Technologiekonzernen des Silicon Valley. Es sind die positivistischen Verkünder der „guten Nachricht“, eingebunden in eine Ideologie der Selbstaufopferung und Gefolgschaft. Religiöse Gemeinschaften in den USA leben in diesem Klima ihre spezielle „protestantische Ethik“ aus und verstärken ihren Einfluss auf Politik und Wirtschaft mit offenen Bekenntnissen, dass der Markt ein Instrument Gottes sei. Sie senden Experten und Ökonomieprofessoren, die neue Losungen der Chancen und Risiken verkünden. In ihren Botschaften ist kein Platz für *Loser.*[29] Damit stützen sie das Ressentiment des Klassenhasses, das sich im Rechtspopulismus niederschlägt.

Inzwischen sind neoliberale Annahmen zur gesellschaftlichen Wirklichkeit geworden. Die Masse ist ebenso wie das Individuum egoistisch, entsprechend den Theorien des *Rational Choice.*

27 Vogl 2010

28 Rendueles 2018

29 Sandel 2020, S. 56 f.

Eine Gesellschaft aus Unternehmern (*Entrepreneurs*)[30] gilt als Idealbild, dessen Figuren sich im „Arbeitskraftunternehmer"[31] oder dem „unternehmerischen Selbst"[32] verwirklicht haben. Und das alles, obwohl der Anspruch einer „Gesellschaft aus freien Unternehmern" schon bei den *Levellers* gescheitert war, den sie im Zuge der englischen Revolution umsetzen wollten[33], denn das Kapitalverhältnis benötigt kontinuierliche, fremdbestimmte Abhängigkeiten.

Makropolitik wird im neoliberalen Diskurs durch Ethik und Moral ersetzt. Die neoliberale Technologie fängt das Vakuum der Urteilskraft im apolitischen Zeitalter durch die Ersatzfunktionen ethischer Standards ab. In keiner kapitalistischen Epoche wurden so viele Ethikregeln, Ethikkommissionen, Verhaltenskodizes, *Codes of Conduct* und diverse Selbstverpflichtungen entworfen, einberufen und mit ihnen politische Initiative ersetzt, wie in den letzten drei Jahrzehnten. „In einer überaus systematischen Weise umgeht oder ignoriert das liberale Denken den Staat und die Politik und bewegt sich stattdessen in einer typischen, immer wiederkehrenden Polarität von zwei heterogenen Sphären, nämlich von Ethik und Wirtschaft, Geist und Geschäft, Bildung und Besitz, (...) Kampf und Konkurrenz."[34]

Der Ersatz von Politik durch Ethik wird an den populären Prinzipien der verantwortungsvollen Unternehmensführung (z.B. CSR) deutlich mit denen weder der „Regulator", noch soziale Bewegungen dem Management Vorgaben machen sollen, stattdessen werden sie in belanglose Nachhaltigkeits-Gremien integriert. Die „Privatregierung" im Unternehmen wird durch die moralische Selbstregulierung (z.B. über *Codes of Conduct*) gestützt. Konzernen, Kapitaleignern und Börsenspekulanten

30 In der „verwalteten Welt" war die Haupteigenschaft (*Skill*) für den Arbeitsmarkt die „ritterliche" Loyalität gegenüber der Organisation, heute sind es Unternehmerqualitäten als Gründer (besser noch *Founder*). Gründer gab es vermutlich noch nie so viele in einer kapitalistischen Gesellschaft wie heute.

31 Pongartz/Voß 2004

32 Bröckling 2007

33 Anderson 2019

34 Schmitt 1996, S. 69

wird in PR-Katalogen ein ethisches Regelwerk vorgelegt, dass der eigenen Berichtspflicht zugrunde liegt. Das Image des Unternehmens, seine *Corporate Identity*, unterstützt von PR-Agenturen, dient dabei allein der Marktbewertung und Abwendung von Reputationsrisiken. Ethisches Verhalten soll die Praxis der unternehmerischen Rackets schützen, ihre Politik verdecken und letztlich Skandale legitimieren, sowie politische Sanktion, öffentliche Rechenschaft und materielle Abgabe an das Gemeinwesen verhindern. Notfalls wird der Rechtsweg eingeschlagen, um korruptes Verhalten zu legalisieren. „Marktgetriebene Gesellschaften sind ständig in Versuchung, materiellen Erfolg als Zeichen moralischer Verdienste zu deuten."[35]

Der Politikdiskurs hat sich entsprechend komplett verschoben, was ehemals als administrative Tätigkeit in privaten Unternehmen galt, wird heute als politisch bezeichnet.[36] Stattdessen werden politische Forderungen im „systemischen Sprech" als *Ambition* betrachtet. Politische Strategien machen im entpolitisierten Raum keinen Sinn, sie werden durch Narrative ersetzt. Die Parole der „Neuen Sozialen Bewegungen", das „Private ist politisch" hat sich komplett verschoben. Heute gilt zunehmend nur noch das Private als politisch und die Gesellschaft als Ganzes wirkt entpolitisiert. Sie bildet nur noch ein Mosaik aus Ansprüchen konstruierter Gruppen und realer Lobbyinteressen. Aktivisten sind die neuen zivilgesellschaftlichen Anspruchsorgane mit der nötigen Distanz zu etablierten, politischen Kollektiven. Das aktivistische Individuum sieht seine private Politik in Unmengen von Unterschriftenlisten und Petitionen gut aufgehoben. Darauf reagiert die Parteipolitik mit reinem Affekt-Management. Die Inhalte werden ge*framt* nach Wirkung und weniger nach Authentizität. Ihr Spiegelbild sind *Fake News*, Trolle und Alternativmedien mit regem Zulauf. *Deflection* statt Reflexion gesellschaftlicher Verhältnisse ist das Zauberwort des mikropolitischen Medien-Slangs.

Makropolitische Projekte der letzten Jahre, die staatliche Handlungsfähigkeit suggerieren – wie die Maßnahmen in der

---

35 Sandel 2020, S. 339

36 Vgl. die Aussagen der Manager in: Deckstein 2009

Corona-Krise – treffen auf eine polarisierte Gesellschaft von „Gewinnern und Verlierern". Ein Zustand, der eigentlich das neoliberale Mantra offenbart, nur das sich inzwischen die betrogenen Verlierer von der Gemeinschaft und dem Staat verabschiedet haben. Die weltweite Corona-Leugnung war ein „Symptom für das gebrochene Verhältnis dieser Menschen zum Staat"[37]. Damit bekommt der Staat Schwierigkeiten Notstandspolitiken zu legitimieren, schließlich ist man seine gesellschaftspolitische Passivität schon gewohnt.

Hier ähnelt die zeitgenössische Politik der zeitgenössischen Konstitution der Finanzmärkte: beide werden nur in Notständen politisch und die Allgemeinheit betreffend. Der dominante angelsächsische Finanzmarkt ist so konstruiert wie europäische Kriegswirtschaften in Notständen. Das kann man schon an ihren Produkten (die ehemals gegen Staatsverschuldung eingeführt wurden) ablesen. Großbritannien musste als rohstoffarmes Land seine Kriege unabhängig von Steuererhebungen finanzieren, stattdessen mit Anleihen und Fonds in Erwartung der Ausplünderung seiner Kolonien.[38] Dieses Ausnahme-Prinzip ist heute Normalität und bezieht sich auf die Ausplünderung ökologischer Ressourcen und prekärer Beschäftigung im „globalen Süden", aber auch weniger umfassend in den kapitalistischen Metropolen.

Rackets passen gut in diese apolitische Situation. Ihre dynamische Struktur und ihre Referenz an kriminelle Milieus implizieren in ihrer ersten gesellschaftlichen Natur „apolitische, hierarchische, vorstaatliche Herrschaftsformen", also „Power without Policy"[39], eine politische Praxis jenseits demokratischer Formen.[40]

---

37 Vgl. Nesrine Malik, Vaccine hesitancy is a symptom of people's broken relationship with the state, am 15. August 2021 im *Guardian*, unter: https://www.theguardian.com/commentisfree/2021/aug/15/vaccine-hesitancy-broken-relationship-state-conspiracy-theorists; abgerufen am 12.07.2023

38 Reinhard 2017

39 Damit lag Volker Heins (2006) richtig, auch wenn er damit den Racket-Begriff kritisieren wollte.

40 Mit *Politics without policy* charakterisiert der südafrikanische Sozialwissenschaftler Andries du Toit die zeitgenössische, armutsfördernde Elitenpolitik im Neoliberalismus, dabei sind die Analogien zum „Nicht-Entscheidungsansatz" offensichtlich: Ders., Hyper-Political Anti Politics; vom 10. August 2017 in *Global Policy Journal*, unter:

Schon zu Zeiten der „verwalteten Welt“ strebten die Rackets zu einer Entpolitisierung der Kartelle, der Kapital-Arbeit-Beziehungen mit der Stärkung und Bindung von Beutegemeinschaften. Die Skandale des mafiösen *Big Labor* oder der *Neuen Heimat* waren günstige Gelegenheiten zur endgültigen Entpolitisierung der Kapital-Arbeit-Beziehungen – zu Lasten einer Seite. Auch die Spendenpolitik der Unternehmerverbände in Deutschland, die apolitisch an fast alle Parteien spenden, versuchen damit den zentristischen, apolitischen Konsens zu stützen.

Regierungshandeln findet im Neoliberalismus nicht mehr in staatlichen Apparaten statt. Sie initiiert nicht, sie steuert lediglich informelle Prozesse und ist in Ausnahmesituationen gefordert, Konsens zu schaffen – auch über die formalen, korporatistischen Relikte der Klassenbeziehungen. Regieren heißt nun *Governance*. „Warum sich also für den unbequemen Weg der Politik entscheiden, wenn man seine Figuren im komfortablen Rahmen der Hinterzimmer und Salons voranbringen kann, wo das Spiel der Governance gespielt wird?“[41]

Damit die Botschaft stimmt, wird der *Governance* ein *Good* hinzugefügt. Mit *Good Governance* ist „ein Regierungshandeln diesseits oder abseits von Regierungen und staatlichen Strukturen umrissen, das sich weniger über gefügte Formen und Institutionen als über informelle Verfahren und Praktiken, über schwach institutionalisierte Gremien und Netzwerke, über lose gekoppelte Normen und Regelsysteme definiert.“[42]

In diesem Feld blühen Rackets auf, weil sie sich frei an Souveränitätsmitteln und Ressourcen bedienen können. Ihre Integration in Steuerungsprozesse entspricht dem unternehmerischen Bild „privater Regierung“.[43]

> „Mit informellen Abmachungen und Arrangements wurde dabei nicht nur ein Abgleich von privaten und staatlichen Interessen angestrebt, bei dem etwa staatlicher Regelungsverzicht durch geringe Implementierungskosten kompensiert werden soll. Vielmehr

---

https://www.globalpolicyjournal.com/blog/10/08/2017/hyper-political-anti-politics; abgerufen am 21.10.2020

41 Deneault 2021, S. 133

42 Vogl 2015, S. 219

43 Anderson 2019

> konnte die Kultur informeller Absprachen zwischen Regierungen und Privaten zur Prämierung ohnehin starker Interessen, zur Ausbildung neuer Privilegienstrukturen und zu den Posten ›parakonstitutioneller Entscheidungsträger‹ führen."[44]

Die *Governance*-Rackets lösen die klassischen Mandats-Funktionen korporatistischer Arrangements der sozialen Kollektive (wie Gewerkschaften u.ä.) zunehmend ab. Die Interessenvermittlung sozialer Großgruppen und Kollektive wird größtmöglich ausgehebelt und neutralisiert. Dafür wird privaten, wirtschaftlichen Lobbygruppen, den *Entrepreneurs* und *Founders* der Einflussprozess eröffnet. Die vermeintliche Entmündigung von der Solidargemeinschaft und ihren traditionellen Kollektiven wird den Bürgerinnen und Bürgern als Philosophie persönlicher Freiheit vor dem Staat propagiert. In einer der Vorarbeiten zur *Dialektik der Aufklärung* schrieb Horkheimer: „Die Neoliberalen, die die Gewerkschaftspolitik bekämpfen, geben sich einem veralteten Romantizismus hin, und ihr Vorstoß in die ökonomische Wissenschaft ist gefährlicher als ihre Bemühungen auf philosophischem Gebiet."[45]

Inzwischen hat der Neoliberalismus auch die Philosophie erreicht und mit profanen Appellen der Eigenverantwortung die herrschende Ideologie gestützt.[46] Es ist die Philosophie der Mikropolitik, die massiv die traditionellen, gesellschaftlichen Kollektive beeinträchtigt. Gewerkschaften und soziale Bewegungen werden von den Rackets bekämpft oder als zukünftige *Stakeholder* vereinnahmt.[47] In den siebziger und achtziger Jahren des vorigen Jahrhunderts begann die Vereinnahmung parallel zum Beginn der Vereinnahmung staatlicher Haushalte mit den

44 Anderson 2019, S. 221

45 Horkheimer 1985a, S. 887

46 Edouard Louis unterstellt sogar den herrschenden Klassen – konkret Macron am Beispiel der Gelbwesten, dass sie den öffentlichen Diskurs so gestalten, dass Eigenverantwortung nur für die „Beherrschten" gälte und nicht für die Herrschenden. In *Jacobin* vom 11. Januar 2022 unter: https://jacobin.de/artikel/edouard-louis-interview-eigenverantwortung-nur-fur-arme-das-ende-von-eddy-arbeiterklasse-gelbwesten-literatur-frankreich-klasse/; abgerufen am 16.07.2023

47 Chamayou 2019

ersten theoretischen Veröffentlichungen über *Rent-Seeking*.[48] Auch heute noch vereinnahmen Konzernspitzen soziale Bewegungen, wie beim Versuch mit *Fridays for Future*.[49] Mit dem Fall der Mauer 1989 wurde die herrschende Klasse des Westens vorerst ideologisch gegnerlos. Ihr radikaler Marktliberalismus, der Jahrzehnte zuvor noch für die großen Weltkriegskatastrophen des 20. Jahrhunderts verantwortlich gemacht wurde, erschien nun totalitär, unhinterfragbar und alternativlos.[50]

Es ist die neue „verwaltete Welt" des *Entrepreneurship*. Politische Konflikte werden auf ein moralisches Maß an *guter* und *schlechter* Regierung reduziert. Die republikanische Achse der Politikgestaltung zwischen rechts und links wird durch den ideologischen Zentrismus der „guten" Mitte, der abhängigen Beutegemeinschaften, aufgelöst. *Die* Mitte geriert sich zum normativen Maßstab der Unterwerfung. Ihre politische Äußerung ist vorauseilender Gehorsam im *Common Sense*.

Der gegenwärtige, administrative Aufbau des kapitalistischen Unternehmens unterscheidet sich auch im Neoliberalismus nur marginal vom Aufbau einer öffentlichen Verwaltung. Trotzdem ist das Vorurteil, dass die Privatwirtschaft effizienter gesellschaftlichen Bedarf befriedigen könne als ein staatliches Gemeinwesen, zum Allgemeinplatz geworden.[51] Das macht deutlich, dass es sich im neoliberalen Diskurs gar nicht primär um Staat versus Privat, oder Markt versus Planung handelt, sondern um das hierarchische Unternehmerprinzip inklusive seines auf dem Eigentumsrecht basierenden Direktionsrechts, dass gesellschaftlich totalitär als Ersatz des „Politischen" profiliert wird. *Entrepreneurship Govern-*

48 Buchanan et al. 1980

49 Das unbeholfene und erfolglose Angebot vom Siemens-Vorstandsvorsitzenden Joe Kaeser an die *Fridays-For-Future*-Aktivistin Neubauer einen Aufsichtsratsposten anzunehmen, zeigt diese primitive Form der Vereinnahmung durch Komplizenschaft.

50 Streeck 2013, S. 46 ff.

51 Noch in der Corona-Krise wurde als Diagnose für die staatliche Handlungsunfähigkeit die alte Schachtel der „überbordenden Bürokratie" in Deutschland ausgepackt, während kaum jemand über die Personalausstattung der Bürokratien berichtete.

ment ist inzwischen salonfähig.[52] Es ist das passende Kleid der Apolitik, dass den Rackets außerordentlich gut steht.

Die neoliberalen Ideologen um Hayek und die Genfer Schule brauchten viel Zeit, um der Idee der Markt- und Unternehmerreligion gesellschaftliche Legitimität zu verschaffen. Chamayou (2019) und Quinn (2020) zeigen anschaulich, wie sie intensiven Einfluss auf diverse Organisationen und Gruppen in der Nachkriegszeit nahmen. Sie fanden ab Ende der sechziger Jahre zunehmend Gehör. Es ist erstaunlich, wie ausgefeilt das politische Projekt des Neoliberalismus geplant und über politische Konflikte angepasst wurde. Es ist ebenso erstaunlich, wie offen die neoliberalen Theorieansätze die Politik der herrschenden Klassen konzipieren. Zugleich verwundert es, wie wirtschaftsliberale Freiheitsrechte zu feudalen Machtverhältnissen führten ohne aus demokratietheoretischer Sicht kritisiert zu werden.[53] Allein das Verhältnis zwischen Rackets und Beutegemeinschaften, das vorerst materiellen Wohlstand stabilisiert, allgemeine Gerechtigkeitsansprüche eindämmt und den ideologischen Zentrismus manifestiert, erscheint ausreichend zur Hinnahme politischer und sozialer Verwerfungen.

Das Racket, ob als Metapher oder Begriff, bezeichnet ein Herrschaftsprinzip politischer Praxis, das länderübergreifend immer ähnlichere *westliche* Determinanten entwickelt. Es war in den fordistischen Gesellschaften der Nachkriegszeit noch in unterschiedlich kartellierten Systemen der „verwalteten Welt" eingebettet und beschränkt. Heute ist die kollektive Macht der Korporationen parzelliert und vom konkurrenzhaften Leistungsprinzip zurückgedrängt. Gemeinsinn hat in dieser individualistisch ausgerichteten Konkurrenzökonomie keinen Wert und entsprechend kein gutes Ansehen. Moralische Orientierungen werden ökonomischen Prinzipien unterworfen, oder ökono-

---

52 Der Begriff *Entrepreneurship Government* bringt in Suchmaschinen inzwischen eine Unmenge an Treffern. Als aktuellstes Beispiel kann der Plan einer Übertragung von Souveränitätsfunktionen an Tech-Unternehmen in Nevada gelten: https://www.usnews.com/news/best-states/nevada/articles/2021-02-04/nevada-bill-would-allow-tech-companies-to-create-governments; abgerufen am 29.03.2021

53 Vgl. die Beiträge in: Hetzel/Unterthurner 2016

mische Praxis bedient sich ethischer Trends. Politik lässt sich zunehmend vom Recht leiten. Die gesellschaftliche Legitimität steht weniger im Mittelpunkt politischer Entscheidungen als die rein juristisch zu bewertende Legalität politischer Praxis.

Die Informalisierung der Politik wird dadurch begünstigt und nimmt weitaus größere Ausmaße an als die selektive Informalisierung im Korporatismus der Nachkriegszeit. Damit hat sich auch der Diskurs über politische Korruption verändert. Das „Kavaliersdelikt", das für den Akteur und oftmals seine Organisation massive Auswirkungen hatte, wird heute zur hingenommenen Abweichung, über deren Konsequenzen der Akteur meist selbst entscheidet. Ob Skandale um Lobbyisten-Einflüsse, Parteispenden, Berateraufträge oder die Besetzung von Ämtern – sie werden von den Betroffenen nur noch nach dem Maßstab der Legalität behandelt. Selten bekommen Ansprüche an das Gemeinwesen, soziale Rechenschaft und die Legitimität politischer Praxis einen Raum in diesen Verfahren. Die Spaltung der Gesellschaft kommt auch in dieser individualrechtlichen Parzellierung politischer Praxis zur vollen Geltung. Letztlich werden damit kriminelle Praxen und Strukturen mit wirtschaftsliberalen Normen rehabilitiert.[54]

Wenn die Politik *per se* korrumpiert ist, dann noch am ehesten durch die vorbehaltlose Anerkennung der Leistungsreligion der „Reichen". Unter objektiven Gesichtspunkten kann kein Mensch auf der Welt so viel leisten *respektive* erarbeiten, dass ihm ein Vermögen von 100 Mio. bis 1 Mrd. Euro zustehen würde, es sei denn: es gilt als anerkannt, dass er andere Menschen betrügt oder das Gemeinwesen beraubt. Demokratische Politik für das Allgemeinwesen bzw. die in einer Gesellschaft lebenden Menschen entmündigt sich, wenn sie diese Zustände vorbehaltlos

---

54 Die Überschneidung von legalen und illegalen Staatsfunktionen treibt inzwischen kuriose Blüten: Ihre sozialpolitische Kompetenz konnten die Mafia, Yakuza und die lateinamerikanischen Drogenkartelle während der „Lockdown-Phase" in der Corona-Krise unter Beweis stellen. Das ging nur, weil der neoliberale Staat politisch handlungsunfähiger als kriminelle Banden geworden ist. Vgl. dazu Janina Pawelz, Außen Robin Hood, innen Al Capone, im *IPG-Journal* vom 3. Juni 2020: https://www.ipg-journal.de/regionen/global/artikel/aussen-robin-hood-innen-al-capone-4404/; abgerufen am 25.10.2020

anerkennt. Auch wenn sie dafür mit Parteispenden und gutdotierten Managerposten in der Privatwirtschaft belohnt wird, dann tritt die *reine* Korruption erst recht zutage. Die *Revolving Door*, die Drehtür für den Wechsel von Politikern in die Wirtschaft, erreicht gegenwärtig enorme Ausmaße. Politische Akteure werden in privilegierte Komplizenschaften einbezogen, die ihnen Karriereposten und Prestige versprechen. Für sie sind jetzt höhere Einkünfte als in der Politik „generierbar".

Umgekehrt scheint es aber auch die Regel zu werden, dass reichen Unternehmer-Persönlichkeiten politische Repräsentationsaufgaben zugetraut werden. Donald Trump war ein Paradebeispiel, schon beinahe eine Karikatur eines *Racketeers*, eines korrupten Politikers mit inszenierter Verantwortung. Er ist der Beleg dafür, wie weit der profane Gewinnertyp des Neoliberalismus beim Wahlvolk verinnerlicht ist. Vor allem ist er für die vielen abgestiegenen Wählergruppen der Mittelschicht der Dissident der herrschenden Klasse – jenes Establishments, das sie in den Abgrund geführt hat, an das sie aber weiterhin glauben. Jetzt ist für sie die Zeit der Vergeltung. Berlusconi war der erste Dissident der herrschenden Klassen, der Trump vorgemacht hat, wie es geht. Und noch eine Ähnlichkeit hat ihren Aufstieg begünstigt: in beiden Ländern, den USA und Italien, besteht eine subtile Staatsaversion[55], die sich u.a. in etablierten Mafiastrukturen niederschlägt.

Die Dissidenten der herrschenden Klassen vermitteln Führungsstärke, Durchsetzungskraft und politische Initiative. Ihre aggressive Aktivität richtet sich fast ausnahmslos gegen andere Staaten, diskriminierte Bevölkerungsgruppen oder humanistische Organisationen. Nationale, private Unternehmen und die Finanzmarktindustrie werden verschont. Der „populistische Geist der Autokraten" muss sich nicht an neuen Werten, Zielen und Versprechen orientieren, er muss nur Handlungsfähigkeit demonstrieren und das Ressentiment gegen das Establishment stützen. Mit dem Anti-Establishment wird die *wahre* Korruption gewählt, die im „alten System" ihre Scheinheiligkeit nicht mehr verbergen muss. Das ist der Grund, weshalb Dissidenten der

55 Hess 1994

herrschenden Eliten, wie Trump und Berlusconi sehr erfolgreich waren. Für politische Veränderungen erscheint es der Bevölkerung rationaler zu sein, die Dissidenten der Eliten zu wählen, als Gruppen und Personen, die völlig außerhalb der etablierten Rackets eine nicht erfolgversprechende Alternative anzubieten haben. „In Italien ... haben die Leute begonnen, nicht einmal Ärzten und Lehrern zu vertrauen. Was die politische Macht angeht, haben sie sie zuerst einem Superreichen übertragen, der die Eliten hasste (ein Trick, den die Amerikaner später nachahmen werden), dann haben sie es ein letztes Mal mit Renzi versucht, wobei sie ihn mit jemanden verwechselten, der mit den Eliten nichts zu schaffen hatte."[56]

Die politischen, sozialen und ökologischen Widersprüche zwischen den apolitischen „Gesetzen" der neoliberalen Ökonomie, der Dominanz des Finanzmarktkapitalismus und den gesellschaftlichen Ansprüchen (Gerechtigkeitsdilemma) verstärken sich zunehmend. Ihre Ursachen werden aber hilflos, ratlos und oftmals auch wohlwollend ausgeklammert. Diese Ignoranz stärkt Verschwörungstheorien und die rechtspopulistische Reaktion. Der radikale Marktliberalismus impliziert mit seinen unterschiedlich „subventionierten" Beutegemeinschaften immer die autoritäre Tendenz der Wählerschaft.

30 Jahre radikale Apolitik haben ihre Spuren hinterlassen. Die Menschen, gerade der mittleren und unteren Klassen bezeichnen sich inzwischen selbst als apolitisch, um diskursfähig zu bleiben. Das tun sie selbst, wenn sie gegen Privilegien demonstrieren, wie es die Gelbwesten in Frankreich taten. Die Demokratie steckt in einer Repräsentationskrise, weil sie sich in alternativlosen Handlungsspielräumen bewegt. Politiker agieren weniger als Volksvertreter, weit mehr als Funktionäre wirtschaftlicher Leitprinzipien und deren Lobbies. Diese Krise wurde zu keiner Zeit deutlicher als nach der Trumpwahl und dem BREXIT-Votum. Es war die defaitistische Reaktion der verunsicherten Bevölkerung auf eine eindimensionale Welt. Gegenwärtig sehen wir am Niedergang

56 Alessandro Baricco, Eliten. Rien ne va plus; in *Freitag* vom 20. Februar 2019, unter: https://www.freitag.de/autoren/marian-schraube/rien-ne-va-plus; abgerufen am 21.10.2020

der Sozialdemokratie welche Relevanz enttäuschte Erwartungen und missbrauchtes Vertrauen in der Politik haben. Die Responsivitätsanalysen[57] belegen das Ausmaß und die Bedeutung dieses Vertrauensverlustes. In diesen Langzeit-Studien konnten plausibel die Motive dargelegt werden, die ehemals sozialdemokratische Wählergruppen bewegten, die vom Lager der enttäuschten Nichtwähler zu den Rechtspopulisten wechselten.[58] Der „Zwiespalt zwischen Repräsentanten und Repräsentierten"[59] kommt dabei zum Vorschein. Responsivität beschreibt dieses Verhältnis und drückt Ansprüche an den „ungeschriebenen Gesellschaftsvertrag" aus. Kognitive Erwartungen und geglaubte Versprechen wurden im impliziten Gesellschaftsvertrag enttäuscht. Er wird als gebrochen empfunden, wenn das Vertrauen verspielt ist und die Praxis der Repräsentanten als Betrug empfunden wird. Dann tritt die „moralische Empörung" in den Vordergrund und das Ressentiment kommt zur Geltung.[60]

Es ist nicht allein das Vertrauen in die Politik, es ist das gebrochene Gerechtigkeitsversprechen, das aus gebrochenen Beutegemeinschaften resultiert. Der Zusammenhang von Vertrauen und Gerechtigkeit zeigt sich an Korruptionsskandalen, die von *Public Trust*-Ansätzen umfassend untersucht wurden.[61] Korruptionsskandale offenbaren die Praxis der herrschenden Klassen, mindern das Vertrauen in die politische Führung und beeinträchtigen das reziproke Verhältnis zwischen Herrschenden und Beherrschten, aber die eigentliche Abwendung vom politischen

---

57 Lea Elsässer, Svenja Hense, Armin Schäfer 2016: Systematisch verzerrte Entscheidungen? Die Responsivität der deutschen Politik von 1998 bis 2015. Endbericht im Auftrag des Bundesministeriums für Arbeit und Soziales; unter: https://www.armuts-und-reichtumsbericht.de/SharedDocs/Downloads/Service/Studien/endbericht-systematisch-verzerrte-entscheidungen.pdf;jsessionid=03050AA64106989823AEEE7f09750183?__blob=publicationFile&v=3; abgerufen am 21.10.2020

58 Dieses Verhalten folgt exakt der Loyalitätstheorie von Albert Hirschman (1974), wonach bei gebrochener Loyalität zwischen den Varianten *Exit* (Abwanderung) und *Voice* (Widerspruch) entschieden wird. Abwanderung betrifft die NichtwählerInnen und Widerspruch betrifft die Wahl der oft rechtspopulistischen Elitendissidenten.

59 Gramsci 1996, S. 1577

60 Vogl 2021

61 Della Porta/Vanucci 1999

System wird erst dadurch befördert, wenn allgemeine Gerechtigkeitsversprechen in der Sozialpolitik nicht eingelöst werden. Dann dient Korruption nur noch als Beleg für den Betrugsfall. An der normativen Überhöhung „abweichenden Verhaltens" wird stets das gesellschaftstheoretische Defizit der Korruptionsanalysen deutlich. Der Zusammenhang von sozialer Ungleichheit und Korruption liegt im Betrugsfall und kann mit der Gerechtigkeitsfrage des Korruptionsforschers Harold Lasswell prägnant eingegrenzt werden: Wer bekommt was und warum?

Denn trotz der langen Skandalchronik, der Racket-Realität auf den Finanzmärkten, der rechtspopulistischen Racket-Imitation, den Parastaaten in Konzernen und internationalen Organisationen, wird die *Sichtbarkeit* dieser ersten gesellschaftlichen Natur der Herrschaft erfolgreich durch ideologische Prämissen, demokratische Delegitimierungen und apolitischer Handlungen verdeckt, geleugnet oder banalisiert. Die Kritik der Rackets ist der Schlüssel zur Überwindung ihrer Praxis und zur Entmystifizierung ihrer archaischen Ideologie, dem Recht des Stärkeren. Kritik und Aufklärung führt zur Emanzipation, das gilt sowohl für die Bekämpfung von Rassismus, Sexismus, Antisemitismus und die Praxis herrschender Klassen im Neoliberalismus gleichermaßen.

9. Rackets überwinden!

Racketkritik ist Herrschaftskritik. Sie ist die Negation der herrschenden Verhältnisse, die immer Schuldverhältnisse sind. Die Frage nach dem Adressaten der „Herrschaftsschuld“ ist ein bis heute bestehendes Erbe der unvollendeten Aufklärung. Sie ist in der Dialektik der Aufklärung angelegt, im Verhältnis von der zweiten Natur zur ersten Natur sozialer Verhältnisse.

Die Zeit, die als historisches Exempel für die Racket-Ausführungen der Frankfurter Schule diente, war die „verwaltete Welt“ im Staatskapitalismus, in dem hierarchische Organisationen und Gruppen zwischen mächtigen Staatsapparaten und einer kartellierten Wirtschaft agierten. Im Faschismus offenbarte sich das räuberische Prinzip des Kapitalismus und wurde zur Staatsräson. Inwieweit diese Entwicklungen und Phänomene das Verhältnis zwischen Kapital und Arbeit außer Kraft setzte, war Gegenstand der „großen Racket-Debatte“ der Frankfurter Schule vor dem Hintergrund der staatstheoretischen Arbeiten von Franz Neumann[1] und Friedrich Pollock.[2] Eine Grundvoraussetzung der staatskapitalistischen Annahmen von Pollock war die Monopolisierung der Ökonomie, auf die sich Horkheimer noch in den fünfziger Jahren bezog.

> „Der ökonomische Prozess bewirkte die Zusammenziehung der Macht in den Händen von Monopolen, heute in eine Anzahl von Rackets in den verschiedenen industriellen, fachmännischen, politischen Schichten, die über eine hierarchische Struktur zur straff geordneten Verwaltung treiben, die der automatisierten Gesellschaft entspricht. Im Westen wie im Osten geht es dann nur noch darum, welche oder welches Racket am Hebel sitzen.“[3]

---

1 Neumann 1993

2 Lindemann 2000

3 Horkheimer 1991, S. 409

Im heutigen neoliberalen Zeitalter sind diese Monopolisierungstendenzen in der Digitalwirtschaft der Technologiekonzerne des *Silicon Valley* zu erkennen, während die *Old Economy* stärker dem neoliberalen Wettbewerbsdogma unterworfen wurde. In der digitalen Plattformwirtschaft ist die Tendenz des Finanzkapitalismus erkennbar, „proprietäre Märkte" zu schaffen: also erst die Schaffung von Märkten durch neue Technologien oder innovativer Produkte aus *Start Ups,* um sich dann als Monopol auf diesen Märkten dominant zu platzieren.[4] Das entspricht der „virtuellen Distributivökonomie"[5], in der ein Börsenwert mit angehängtem Unternehmen die Hoffnungen auf einen neuen Markt beschreibt, als im klassischen Sinne das Unternehmen auf einem vorhandenen Markt zu bewerten. Diese Wertsetzung hängt vom „Markt(versprechen)" der *Ratings* und *Scorings* der Finanzagenturen ab. Hierfür hat die „Kritik der politischen Ökonomie" in der Tradition der materialistischen Werttransformationsanalyse bisher nur wenige, plausible Erklärungen parat.[6]

Die Racket-Praxis ist heute weniger in Kartellen und Staatsapparaten ersichtlich, als in amorphen Netzwerken auf den Finanzmärkten. Hinter ihnen stehen Konglomerate diverser Marktakteure, die auf die herrschende Klasse fokussiert sind. Sie sind nicht unmittelbar sichtbar und haben sich äußerlich entpolitisiert. Ihre Praxis unterwirft sich den Prämissen der „Nicht-Entscheidungen".

Die Grundmuster der Racket-Praxis im Neoliberalismus und im Nachkriegsfordismus unterscheiden sich bezüglich der Finanzmärkte und Staatsapparate, ähneln sich jedoch in ihrer para-staatlichen Praxis. Denn in der bürgerlichen Gesellschaft tritt aufgrund der Eigentümerinteressen und der Marktvergesellschaftung die erste Natur politischer Herrschaft und damit die Dialektik von Raub und Tausch im Racket-Muster fortwährend in Erscheinung. Kirchheimer hat in seinem Racket-Text plausibel darauf hingewiesen, dass es keinen grundsätzlichen Souveräni-

---

4 Vogl 2021

5 Pfeiffer 2021

6 Sabine Pfeiffer (2021) ist eine Ausnahme.

täts-Unterschied zwischen privaten, staatlich-öffentlichen und illegalen Rackets gibt.[7]

Freie und gleichberechtigte Konkurrenz ist eine Chimäre der liberalen Marktgesellschaft. Monopolisierung ist vielmehr ihre Grundtendenz, die sich in wirtschaftlichen und sozialen Krisen, den dynamischen Veränderungsprozessen der Rackets, auflöst und Konzentrationsprozesse erneut beginnen lässt. Im staatszentrierten Kapitalismus hat sich die politisch-regulierte Konkurrenz in Kartellen auch deshalb gebildet, um weiteren Monopolisierungstendenzen Einhalt zu gebieten. Die Macht der Monopole war auch der Arbeiterbewegung stets eine Herausforderung, der sie mit gemeinwirtschaftlichen Modellen begegnete, die schon „Gegen-Konzentrationen" darstellten. Denn die einzig-wirksame und vielversprechende Antwort auf die Monopolisierung des Kapitals ist die Monopolisierung der Arbeit, wie sie im „Einheitsgedanken" der deutschen Nachkriegsgewerkschaften angedeutet wird und im Gent-System[8] seine volle, arbeitsmarktpolitische Entfaltung besitzt. „Das wichtigste Feld von Klassenpolitik ist die Beherrschung des Arbeitsmarktes, seine Ausweitung oder Schließung."[9]

Ebenso wie das Monopol der Konkurrenz ein Dorn im Auge ist, ist für die herrschenden Klassen eine institutionell monopolisierte Arbeiterklasse eine große Bedrohung für ihre politische Praxis. Die Kontingenz des Racketmusters ist in den Nationalstaaten zwar unterschiedlich konnotiert, aber vor dieser Herausforderung identisch. Rackets stehen immer in einer unmittelbaren Verbindung zu wirtschaftlichen Interessen, politischen Entscheidungen und beanspruchen ein Maß an souveräner, nicht rechenschaftspflichtiger Handlungsmöglichkeit, die durch eine schwache Gewerkschaftsbewegung ebenso gewährleistet ist wie durch eine eindimensionale Unternehmensideologie (*Entrepreneurship*). Ihre Legitimation und Dynamik erhalten die neoliberalen Rackets durch den Aufbau privilegierter Beute-

---

7 Kirchheimer 1964

8 Frank Bandau, Nordische Gewerkschaften und Gent-System unter Druck, im *A&W-Blog* vom 25. Mai 2018 https://awblog.at/nordische-gewerkschaften-und-gent-system-unter-druck/; abgerufen am 24.10.2020

9 Steinert 2011, S. 185

gemeinschaften der Mittelschicht. Die Abgeschlossenheit und „Egozentrik" der Beutegemeinschaften ist dabei immer ein Indiz für ihre Loyalität und führt letztlich zur Spaltung der Gesellschaft und dem Niedergang des Gemeinwesens. Rackets verachten die Demokratie und demokratische Kollektive. Auch der Neoliberalismus verdrängt die Demokratie aus wirtschaftlichen und privaten Bereichen und bekämpft die Gewerkschaften.[10] Darin besitzen Rackets und der finanzmarktgetriebene Neoliberalismus ihre Gemeinsamkeiten.

Die Bedeutung demokratischer Kollektive für ein solidarisches Gemeinwesen war nicht Bestandteil der Liberalismus- und Faschismuskritik der kritischen Theorie, vielleicht auch, weil die Kollektive damals (noch) weitaus autoritärer konstituiert waren. Deshalb wurde der Racket-Theorie auch häufig ein Anti-Kollektivismus unterstellt, mit dem aber letztlich das Kapitalverhältnis als Zentrum der Analyse ignoriert wird und damit die Tradition der „Kritik der politischen Ökonomie" der Frankfurter Schule ignoriert wäre.

Der Neoliberalismus als Herrschaftsform mit eingehegter Politik und „quasi-staatlichen" Rackets hat seine Tendenz zu autoritären Regimen (z.B. im Pinochet-Chile) bewiesen. In ihnen „verhärten" sich die Rackets und tendieren zum Faschismus. Die Rackets sind im Neoliberalismus ebenso autoritär, wie ihre feudalen Vorgänger. Sie setzen heute auf Managementideologien, mit denen Hierarchie-Muster verschleiert werden. Die „private Regierung"[11] bildet in jedem Unternehmen den ewigen Hauptwiderspruch der zeitgenössischen Gesellschaften, in deren Selbstbild dieses demokratische Defizit geleugnet wird. Warum lässt sich in kapitalistischen Gesellschaften ein Betrieb nicht rein demokratisch, sondern nur autoritär durch Hierarchie, durch das Direktionsrecht des Chefs organisieren? Schon Charles Lindblom beendete sein vielbeachtetes Werk „Jenseits von Markt und Staat" mit dem Fazit:

> „Es ist ein merkwürdiges Kennzeichen des demokratischen Denkens, dass das Privatunternehmen noch nicht als eine fremdartige

10 Streeck 2013, S. 84f.

11 Anderson 2019

> Organisation innerhalb einer angeblich demokratischen Ordnung erkannt worden ist. Von enormer Größe, reich mit Mitteln ausgestattet, verfügen die großen Unternehmen über mehr Ressourcen als die meisten Regierungen. (...) Das große Privatunternehmen paßt nur sehr schwer in Theorie und Vision der Demokratie. Eigentlich paßt es garnicht."[12]

Das undemokratische Unternehmen ist die beste Garantie für die privilegierte Stellung der herrschenden Klassen und ihrer Rackets. Die Privatregierung, die Herrschaft der Eigentümer und Manager ist gewissermaßen Ausdruck ihrer feudalen, aristokratischen Relikte, dem *Gottesgnadentum* der selbsternannten Leistungsträger. Die herrschenden Klassen waren immer mit den emanzipatorischen Widersprüchen der bürgerlichen Revolutionen konfrontiert und mussten liberale Wirtschaftsrechte (Eigentumsrecht und Vertragsfreiheit) als Wohlstandsversprechen – in neuerer Zeit als *Trickle-Down*-Effekt – propagieren.[13] Ihre Praxis sollte weder in Frage stehen noch durch Wahlen gefährdet sein. Sie müssen ständig ihre Beutegemeinschaften reformieren und betriebliche Wertegemeinschaften außerhalb gesellschaftlicher Kollektive schaffen. Die Ideologie des Gründers, des *Entrepreneurs* ist dem zuträglich.

Trotzdem müssen die Rackets zur Selbsterhaltung ständig ihre dynamische Struktur unter Beweis stellen.[14] Sie müssen nicht nur Innovationen sozialer und technischer Natur übernehmen, sondern auch neue zivilgesellschaftliche Gruppen zur Stabilisierung ihrer Herrschaft integrieren. Oftmals gelingt ihnen das nur aufgrund ihrer doppelten Bezogenheit auf legale und illegale Märkte. Rein staatsbezogene Rackets des Stalinismus und Fa-

---

12 Lindblom 1983, S. 559

13 Pistor 2019, S. 218

14 Der populäre Modernisierungstheoretiker Andreas Reckwitz spricht in einem Interview auf *Deutschlandfunk* vom heutigen „Dynamisierungsliberalismus" und einer „Überdynamisierung der Gesellschaft", die sie in Verlierer und Gewinner spaltet. Die Gewinner des dynamischen Liberalismus verortet er in der Mittelschicht. Die „Politik sollte (ab den 80er Jahren) nicht mehr primär Ordnung stiften, sondern im Grunde Ordnung dynamisieren, deregulieren, liberalisieren." In welchem Interesse diese Dynamik ist, verschweigt er. Unter: https://www.deutschlandfunk.de/die-krise-des-liberalismus-populismus-als-symptom-eines.1184.de.html?dram:article_id=496970; abgerufen am 20.05.2021

schismus besitzen diese Dynamik nicht. Sie können nur auf die formale Staatsgewalt setzen. Jede eindimensionale Ausrichtung, ob auf den Staat oder den Markt, beeinträchtigt langfristig die Dynamik der Rackets, schon allein, weil dadurch Diskursräume für *harmlose* soziale Alternativen und Innovationen ausgeschlossen werden. Das gesellschaftspolitische Engagement der Technologiekonzerne des *Silicon Valley* ist ein durchschaubarer Versuch, dieses erkannte Defizit zu füllen.[15] Ob es ihnen damit gelingt die solidarische Widerspenstigkeit in ihren Beutegemeinschaften zu absorbieren, bleibt dahingestellt. Vom Prinzip stehen sie genauso unter dem Innovationsdruck der Selbsterhaltung, wie die etablierten Rackets der *Old Economy*, die sich in Zeiten des Klimawandels neuen Herausforderungen ausgesetzt sehen. Die neoliberalen Rackets der herrschenden Klassen öffnen sich bisher nicht gesellschaftlichen neuen Ansprüchen. Sie ignorieren sie solange, bis sie als uneinlösbar erscheinen. An der Frage der sozialen Ungleichheit sehen wir diese Strategien und Blockaden.[16] Die herrschenden Klassen setzen weiterhin auf die gewohnten Prinzipien der apolitischen Systeme, in denen das „Allgemeine" der bürgerlichen Rechtsordnung mit dem Individualrecht ideologisch gleichgesetzt wird. Dieser Individualismus entspricht dem „verlorenen Individuum der verwalteten Welt", nur unter umgekehrten Vorzeichen der privaten Konkurrenzökonomie.

Der gegenwärtige Neoliberalismus leidet an einer politischen Repräsentationskrise, die ihren Ausdruck eher in rechtspopulistischen Reaktionen besitzt, als in Klassenkämpfen. Es ist die Legitimationskrise der Meritokratie, in der die selbsternannten Leistungseliten der Beutegemeinschaften dysfunktionale Pathologien entwickeln, die nicht allein aus einem Bruch mit den herrschenden Rackets resultieren, vielmehr das politische

---

15 In vielen libertären Initiativen engagieren sich Google, Microsoft, Facebook, Amazon und haben sogar oftmals Erfolg mit ihren Kampagnen gegen die Regulierung von Uber in Kalifornien. Mit dem „New Work" – Konzept versuchen sie präventiv die Widerspenstigkeit im Arbeitsleben zu bändigen.

16 Zum Beispiel in der Reaktion auf die sogenannte „Wutrede" von Rutger Bregman in Davos 2019: https://www.fr.de/wirtschaft/wir-muessen-biest-kapitalismus-zaehmen-11746721.html; abgerufen am 17.10.2020

Vakuum im vorauseilenden Gehorsam mit autoritären Maßnahmen ausfüllen wollen.[17] Die neoliberale Krise ist eine Krise, die durch die Entpolitisierung des Staates entstanden ist.[18] Der Zustand ist nicht allein mit dem Begriff der Postdemokratie[19] plausibel beschrieben. Vielmehr hat sich die politische Substanz von Demokratie und Staat verändert – wodurch den Rackets weit mehr para-staatliche Autonomie zukommt. Es ist auch in Hinblick auf die analytische Identifikation der gegenwärtigen Krisenmomente von enormer Bedeutung, in der gesellschaftstheoretischen Kritik zwischen Politik, Demokratie und Staat präzise zu unterscheiden. Das neoliberale Projekt braucht den Staat als Bollwerk der wirtschaftlichen Sachzwänge gegen eine dauerhafte Politisierung der Zivilgesellschaft durch kollektive Interessen. Der moralische Rigorismus der individualistischen Mikropolitik ist bisher die erfolgreichste Strategie gegen Solidarisierungspolitiken in der Gesellschaft.[20] Staaten müssen die grundrechtsfreien Räume der „Privatregierung" in Betrieben und Konzernen unangetastet lassen und selbstregulierende Prinzipien als informelle Souveränitätsübertragung fördern. Vermeintliche Sachzwänge der *Oikodizee* wurden zu alternativlosen Leitprinzipien sozialen Fortschritts erklärt. Staatliches „Tafelsilber" und staatliches Handeln wurde privatisiert. All diese Entwicklungen waren nur möglich, weil viele Teile der Bevölkerung an ein Freiheits- und Wohlstandsversprechen glaubten, das von linksliberalen und libertären Kräften in den westlichen Gesellschaften ebenso propagiert wurde, wie von autoritären Kapitalisten und Nationalliberalen. „Die liberale Phobie gegen den vorsorgenden

17 Die oft männliche Reaktion gegen *Fridays for Future* und die *Letzte Generation* sind hierfür mehr als Beleg.

18 Es gibt viele Begriffe, die diesen Zustand des Staates und der Politik beschrieben haben. In den neunziger Jahren gab es rege Debatten um die neue Form des Staates. Es war die Rede vom „Verlust des Primats der Politik", von „Politik ohne Projekt", vom „Sicherheitsstaat", der nichts anderes schützt als die Privilegien der Reichen bis zum „Staat als Haustier der Gesellschaft". Der Begriff der „Entpolitisierung" scheint die größte gesellschaftspolitische Dimension zu besitzen.

19 Crouch 2008

20 Chamayou 2019

Staat hat sich in die libertäre Feier des fürsorglichen Unternehmens verwandelt.“[21]

Die Ideologie des freien *Entrepreneurship* ist Resultat und Ursache der neoliberalen Politikform, die das Racket-Muster feiert. Die Arbeiten der Schriftstellerin Ayn Rand, die sowohl von Faschisten, Neoliberalen, Libertären und Anarcho-Kapitalisten verehrt wird, konzipiert mit ihrem radikalen Anti-Kollektivismus den *Praxisleitfaden* für moderne Rackets und ihre Imitationen im liberalen Extremismus.[22] In Kontinentaleuropa ist sie ebenso wenig bekannt und populär wie die Racket-Metapher. Hier wird Libertarismus noch als linkes, anarchistisches Projekt[23] gefeiert und Staat und Klasse als unumstößliche Gewissheiten des 20. Jahrhunderts angesehen. Horkheimer waren die plumpen Imitationen von Staatlichkeit im Namen freiheitlicher Bewegungen schon früh bewusst. Deshalb bezeichnete er das Racket-Muster als subtile Politikform, das Ideen und informelle Organisationsprinzipien der Freiheitsbewegungen bedingt und integriert. Er beklagt in diesem Kontext die Schwierigkeiten einer racketlosen Gesellschaft, die allein durch eine vermeintliche Revolution kaum zu gewährleisten wäre. 1967 formuliert er diese Skepsis an den Motiven der 68er-Bewegung: „Wie das ohne eine auch nach Marcuse auf absehbare Zeit unmögliche Revolution geschehen soll, vermag er ebenso wenig zu sagen, wie er eine konkrete Vorstellung davon hat, auf welche Weise in der neuen Gesellschaft die herrschenden Rackets nicht wieder durch neue Rackets abgelöst werden sollen.“[24]

Der Racket-Ansatz mag mit dieser radikalen Herrschaftskritik kulturpessimistische Intentionen besitzen. Sich aber seiner entlarvenden Fragestellung zu entziehen, mutet umso kulturpessimistischer an, wenn sich die Kritik vor quasi-staatlichen Formen der Herrschaft verschließt, kann sie auch nicht emanzipativ sein.

21 Vogl 2021, S. 104

22 Jennifer Burns, Trumps Hausintellektuelle, in der *Zeit* vom 27. Februar 2017: https://www.zeit.de/politik/ausland/2017-02/ayn-rand-donald-trump-usa-libertarismus-bestseller; abgerufen am 25.04.2021

23 Erklärte Libertäre wie Elon Musk oder Peter Thiel müssten ihre Protagonisten sein.

24 Horkheimer 1988c, S. 433

Rackets sind die Immanenz der politischen Korruption in den Staatsgesellschaften des Kapitalismus. Damit können sie die traditionellen Elitendiskurse z.B. über Oligarchien um Dimensionen erweitern, die sich weder auf strategische Sandkastenspiele von Klassenfraktionen[25] noch auf die im 20. Jahrhundert populäre Strukturfixierung materialistischer Kritik einlassen. Es ist vielmehr die „politische Praxis herrschender Klassen", für die bisher kein besserer Begriff gefunden wurde, als der aus dem amerikanischen Slang stammende Begriff.

Die rein basisorientierte Kurzsichtigkeit der populären Klassenpolitik des *Organizing* könnte sich strategisch besser über diesen Praxisbegriff auf die herrschenden Klassen fokussieren. Und die Ungleichheitsdebatte würde sich über die Beachtung von verunsicherten Beutegemeinschaften mit der Rechtspopulismus-Debatte verbinden lassen. Demokratische Mitsprache an ökonomischen Prozessen, starke Gemeinwesen und eine solidarische Verteilung des Mehrwerts sind die größten Existenzbedrohungen für Rackets im Neoliberalismus. Gewerkschaften, Genossenschaften und selbstverwaltete Betriebe sind ihre größten Feinde, solange sie sich nicht ins Beutesystem integrieren. Die neoliberale Technokratie missachtet sie in jeglicher Form und lässt sie notfalls außerhalb der finanzmarktgetriebenen Verwertungslogik verkümmern. Die Novellierung von Kollektivrechten (Genossenschaftsrechte, Mitbestimmungsrechte, Vereinsrechte, gemeinwirtschaftliche Eigentumsrechte) wurde in den letzten 30 Jahren enorm vernachlässigt, obwohl immer noch 60 Prozent aller Unternehmen weltweit Genossenschaften bzw. Kooperativen sind. Sie sind keine *tech*-getriebenen *Start-Ups* und damit nicht finanzmarkttauglich für virtuelle, proprietäre Märkte, sondern allein lokalen Gemeinschaften verpflichtet. Die Globalisierung ihrer innovativen, humanistischen Wirtschaftsprinzipien ist kein Thema im hegemonialen Diskurs. Sie gelten aus Investorenperspektive nur als Ideengeber für Geschäftsmodelle. Im religiös anmutenden *Founder*-Diskurs sind sie eine Randerscheinung, obwohl viele Studierende nicht nur ein Interesse an ihren Strukturen haben, sondern auch an Gemeineigentum und Allmende,

25 ... die der Dynamik von Herrschaft widersprechen.

wofür die *Commons*-Debatte Beleg ist. Neoliberale Wirtschaftspolitik ignoriert die Ansätze der Gemeinwohlökonomie und konzentriert sich fast ausnahmslos auf die Finanzmärkte. Dabei würden Kooperativen durchaus einen ersten Schritt auf dem Weg in eine Racket-freie Gesellschaft bilden, auch wenn der emanzipative Weg eine Soziologie des Rackets voraussetzt, die auch imitierte Erscheinungsform in jeglichen sozialen Gebilden in den Blick nimmt:

> „Eine wahre Soziologie des Rackets als des lebendigen Elements der herrschenden Klasse in der Geschichte könnte sowohl einem politischen als auch einem wissenschaftlichen Zweck dienen. Sie könnte helfen, das Ziel der politischen Praxis zu klären: Eine Gesellschaft, deren Muster sich von dem des Rackets unterscheidet, eine Racketlose Gesellschaft. Sie könnte dazu beitragen, die Idee der Demokratie zu definieren, die in den Köpfen der Menschen noch immer ein Schattendasein führt. Heute haben die Rackets diese Idee in ihre ökonomische und politische Praxis eingebaut.“[26]

Im zentralen Racket-Text „Die Rackets und der Geist“ heißt es dazu weiter: „In der wahren Idee der Demokratie, die in den Massen ein verdrängtes, unterirdisches Dasein führt, ist die Ahnung einer vom Racket freien Gesellschaft nie ganz erloschen. Die Idee zu entfalten, bedeutet freilich die Durchbrechung einer dicken Suggestion, die noch die wahre Kritik am Racket in seinen Dienst stellt.“[27]

Doch, wie führt der Weg zur Überwindung des Racket-Musters politischer Praxis?

Er führt zweifellos zur Überwindung des Kapitalverhältnisses. Viele Ideen dazu sind genauso von gestern, wie es der moderne Marktliberalismus auch ist. Sie können im Rahmen eines radikalen Reformismus nur ein erster Schritt sein.

Wir brauchen:

1. ... die Stärkung kollektiver Interessen zur Solidarisierung der abhängigen Klassen zur Selbstermächtigung der Beschäftigten. Das kann nur über starke, demokratische Gewerkschaften geschehen, die als soziale Bewegung gesellschaftspolitische

26 Horkheimer 1985a, S. 103

27 Horkheimer 1985c, S. 291

Anerkennung erfahren und sich weniger auf betriebspolitische Komplizenschaften bzw. Beutegemeinschaften stützen.

2. … einen Primat der demokratisch-legitimierten Politik, um Märkte zu zivilisieren. Das schafft der formale Staat nur über eine Rückkehr zur Makropolitik, die sich liberalen Dogmen verschließt.
3. … eine grundsätzliche Aufwertung der Kollektivrechte und öffentlicher Kollektivgüter gegenüber privaten Eigentumsprinzipien und kommerziellen Vertragsrechten. Damit verbunden ist eine Aufwertung sozialer Gemeinschaften.
4. … eine umfassende Demokratisierung der Wirtschaft, die weit über existierende Mitbestimmungsprinzipien hinausgeht, das Direktionsrecht des Unternehmers oder Managers abschafft und Führungsprinzipien so demokratisch regelt, wie es auch in anderen Bereichen demokratischer Gesellschaften der Fall ist. Ob Selbstverwaltung oder Genossenschaft, das sollten die Innovationsdebatten der Zukunft sein, in denen die Beteiligten selbst mitentscheiden. Das geht nicht allein betriebsintern und muss von pluralistischen, gesellschaftlichen Kollektiven gefördert werden. Sie begleiten die betriebliche Demokratisierung und schaffen kollektive Identitäten als Voraussetzung von Solidarität.
5. … eine konsequente Überwindung des allein auf profitable Anreizsysteme fokussierten Kapitalverwertungsprinzips. Wenn Innovation und Wohlstand allein auf Raub basiert, wäre es der Offenbarungseid der Menschheit, erst recht in Anbetracht der ökologischen Katastrophe. Ökologische Ressourcen müssen konsequent monopolisiert werden. Hierfür hat der Neoliberalismus Schablonen für internationale Organisationen geliefert, die für Reformperspektiven ebenso nützlich sein können. Und es bedarf regionaler Monopolagenturen für den Arbeitsmarkt, die allein von Gewerkschaften demokratisch verwaltet werden – nach Branchen und anderen Funktionsbereichen gegliedert und mit internen „Checks and Balances“ ausgestattet sind.
6. … eine Neujustierung politischer Räume und Eingriffsmöglichkeiten nach lokalen, regionalen, nationalen und internationalen Prinzipien. Darin müssen solidarische Verpflichtungen

festgeschrieben sein. Es geht um eine Selbstermächtigung der lokalen und regionalen Gemeinwesen, die ihre Anliegen demokratisch umsetzen.

7. ... eine tiefgreifende politische Reform der Finanzmärkte, weit ab vom Notstandscharakter seiner Regeln. Es geht auch um eine grundlegende Souveränitätsbeschneidung seiner kurzfristigen, Algorithmen-basierten Bewertungen und Interaktionen. Finanzmärkte müssen wieder *normale* Märkte werden und einen Ausgleichscharakter von politischen Regulierungen, sozialen Divergenzen und ökonomischen Bedarfen schaffen. Investitionsentscheidungen müssen von sozialen Bedürfnissen determiniert werden.
8. ... eine effiziente Abschaffung von *Failed States*, illegalen Märkten, Objektklassen und Objekträumen (die Migration verursachen). Diese von den neoliberalen Rackets genutzten Räume der „ersten Natur" müssen in eine humanistische und solidarische Weltgesellschaft integriert werden. Dadurch werden „Angsträume" als Voraussetzungen für Ausbeutungsmöglichkeiten vernichtet und prekäre Verbindungen privilegierter Komplizenschaften ausgeschlossen.

Gewiss sind diese „Reformkanten" unterkomplex und unvollständig. Sie können nur eine Inspiration zu mehr Demokratie und einem von demokratischen Kollektiven geprägten Gemeinwesen sein. Sie durchdringen weder die „Suggestion" der Herrschaft, noch stehen sie einer fest institutionalisierten Weltwirtschaft als Schubladenidee zur Verfügung. Sie müssen in demokratischen Prozessen konzipiert und umgesetzt werden. Dabei muss die Gewissheit Voraussetzung sein, dass Tauschprinzipien humanistisch gestaltet werden können, wofür es etliche historische Beispiele gibt. Die Herausforderungen der Zukunft, die soziale Spaltung, die rechte Reaktion, der Klimawandel und eine krisenfeste Wirtschaftsform sind Anlass genug auch über die grundsätzlichen Herrschaftspraxen der liberal-kapitalistischen Welt nachzudenken.

Rackets haben eine sehr lange historische Dimension in Staatsgesellschaften, die in ihren Grundzügen weiter geht als die Geschichte des Kapitalismus. Ernstgemeinte Kapitalismuskritik kann deswegen nur Racketkritik sein, sonst steht sie im Verdacht Altes in neuem Gewand zu profilieren. Die Racketkritik im 21. Jahrhundert ist von der Freiheitsfrage des 20. Jahrhunderts beeinflusst: Was muss überwunden werden? Der „totale" Staat oder der „totale" Markt? Dabei kann es nicht um die Wahl zwischen privaten, neoliberalen Rackets oder die Rackets der „verwalteten Welt" gehen. Es muss darüber hinaus gehen. Deshalb ist Racketkritik eine „Kritik der politischen Ökonomie", denn sie zielt sowohl auf das Kapitalverhältnis, als auch auf den Staat. Beide Adressaten werden sich nur durch radikale Demokratisierungen vom Racket-Muster lösen können.

Wenn sich die Weltgesellschaft einer solidarischen Gemeinschaft nähern soll, müssen Rackets und Beutegemeinschaften überwunden werden. Eigentumsprivilegien müssen dann so eingehegt sein, dass aus ihnen keine Möglichkeiten der Ausbeutung resultieren. Staatliche Souveränität muss sich im alten Ideal der *Volkssouveränität* auflösen. Der Gewalt von Quasi -oder *Off-Shore*-Souveränitäten in kriminellen und legalen Rackets muss präventiv die wirtschaftliche Basis entzogen werden. Diese offenen Wege zur Überwindung des Racketmusters gelingen nur mit einem radikalen Reformismus, der ebenso am Kapitalismus ansetzt wie an staatszentrierten Herrschaftsmechanismen.

Die acht Ansatzpunkte sind äußerst allgemein und beschreiben vorerst nur den Anfang des Weges in eine racketlose Gesellschaft, die nach drei Jahrtausenden Staatsgeschichte nicht mit einem einzigen Vorschlag abgeschafft werden kann, aber auch in diesen drei Jahrtausenden immer wieder politischen Widerstand hervorbrachte, der häufig auf das Racket-Muster zielte.[28] Rackets besitzen dieselbe Kontinuität wie Sexismus und Rassismus und hängen mit ihnen zusammen. Zur Überwindung bedarf es eines tiefgreifenden, emanzipatorischen Prozesses. Für Horkheimer waren die Räte der deutschen Revolution von 1918 ein erster Schritt zur Überwindung autoritärer Staatsformen.

Die radikale Demokratisierung der Wirtschaft ist keine überkommene Idee jener Zeit. In der Corona-Krise haben sie 3000

---

28 Vgl. Graeber/Wengrow 2022

Wissenschaftlerinnen und Wissenschaftler gefordert.[29] Zweifellos müssen die Bretter dicker gebohrt werden und das ist nur möglich mit einer radikalen Aufklärung und einer „Entschwörung des Geistes“ – also einer aufklärerischen Ideologiekritik, die zu einer wahrhaften Entfaltung des Individuums in der Freiheit vor sozialer Not in einem solidarischen Gemeinwesen führt. Das geht nur mit einer umfassenden politischen Kritik der herrschenden Klassen, die gegenwärtig weder in der traditionellen Linken, noch im etablierten Linksliberalismus erkennbar ist. Hierfür ist die vorliegende Arbeit geschrieben. Die Kritik am Racket ist Voraussetzung für die Demokratisierung unserer Gesellschaften. Nur so können wir uns dem massiven Anpassungsdruck impertinenter Rackets und Racket-Imitationen entziehen. Dann wird sich die trendige Frage erübrigen: „What's your Racket?“[30]

---

29 https://democratizingwork.org/read/#deutsch; abgerufen am 24.10.2020

30 „Die Frage drückt aus, daß in unserer Gesellschaft das Erreichen einer bestimmten Position in keiner sinnvollen Beziehung zu den aufgewendeten Anstrengungen steht. Sie läßt darauf schließen, daß der soziale Status einer Person vom Vorhandensein oder Fehlen einer Mischung aus Glück, Zufall und guten Beziehungen abhängt, einer Mischung, die systematisch mit allen Kniffen ausgebeutet und verstärkt wird, die in der Institution des Privateigentums angelegt sind.“ (Kirchheimer 1964, S. 79)

Literatur

Adorno, Theodor W. 1975a: Reflexionen zur Klassentheorie, in: ders., Gesellschaftstheorie und Kulturkritik; Frankfurt/Main, S. 7-25

– 1975b: Das Bewusstsein der Wissenssoziologie, in: ders., Gesellschaftstheorie und Kulturkritik; Frankfurt/Main, S. 136-150

– 1984: Über Statik und Dynamik als soziologische Kategorien, in: Horkheimer, Max/Adorno, Theodor W., Sociologica; Frankfurt/Main, S. 223-240

– 1993: Minima Moralia, Reflexionen aus dem beschädigten Leben; Frankfurt/Main

Aglietta, Michel 2002: Ist der Weltkapitalismus regulierbar? In: Supplement der Zeitschrift *Sozialismus*; Hamburg

Aldred, Jonathan 2020: Der korrumpierte Mensch. Die ethischen Folgen wirtschaftlichen Denkens; Stuttgart

Anderson, Elizabeth 2019: Private Regierung – wie Arbeitgeber über unser Leben herrschen (und warum wir nicht darüber reden); Berlin

Anderson, Perry 1979: Die Entstehung des absolutistischen Staates; Frankfurt/Main

Appelbaum, Richard P. 1998: The Future of Law in a Global Economy, in: *Social and Legal Studies*, No. 7, S. 171-192

Arlacchi, Pino 1989: Mafiose Ethik und der Geist des Kapitalismus, Die unternehmerische Mafia; Frankfurt/Main

Bachrach, Peter/Baratz, Morton S. 1977: Macht und Armut; Frankfurt/Main

Badiou, Alain 2016: Wider den Globalen Kapitalismus; Berlin

Bakunin, Michail 1968: Philosophie der Tat; Köln

Banfield, Edward C. 1975: Corruption as a Feature of Governmental Organization, in: *Journal of Law and Economics*, Vol. 18, No. 3, S. 587-605

Baran, Paul A./Sweezy, Paul M. 1967: Monopolkapital; Frankfurt/Main

Baudrillard, Jean 2010: Im Schatten der schweigenden Mehrheiten oder Das Ende des Sozialen; Berlin

Beck, Linda/Westhäuser, Linus 2022: Verletzte Ansprüche. Zur Grammatik des politischen Bewusstseins von ArbeiterInnen, in: *Berliner Journal für Soziologie*, Ausgabe 2/2022, S. 279-316

Benjamin, Walter 2003: Kapitalismus als Religion, in: Dirk Baecker (Hrsg.): Kapitalismus als Religion; Berlin

Berle, Adolf A./Means, Gardiner C. 1939: The Modern Corporation and Private Property; New York

Bernasconi, Paolo 1999: Off-shore Domizilgesellschaften als Instrument von Bestechung und Geldwäscherei, in: Pieth, Mark/Peter Eigen (Hrsg.) Korruption im internationalen Geschäftsverkehr; Neuwied, S. 354-372

Blank, Hans-Joachim 2002: Zur Marx-Rezeption des frühen Horkheimer, in: Fetscher, Iring/Schmidt, Alfred (Hrsg.) Emanzipation als Versöhnung; Frankfurt/Main

Bohmann, Ulf/Sörensen, Paul (Hrsg.) 2019: Kritische Theorie der Politik; Berlin

Bontrup, Heinz-J. 2017: Zur Eigentumsfrage: Nicht das Kapital, sondern den Menschen in den Mittelpunkt stellen; in: *WIDERSPRUCH*, No. 64, S. 31-46

Boltanski, Luc 2010: Soziologie und Sozialkritik; Frankfurt/Main

Borner, Silvio/Christophe Schwyzer 1999: Die Bekämpfung der Bestechung im Lichte der Neuen Politischen Ökonomie, in: Pieth, Mark/Eigen, Peter (Hrsg.) 1999: Korruption im internationalen Geschäftsverkehr; Neuwied, S. 17-39

Bourdieu, Pierre 1992: Die verborgenen Mechanismen der Macht; Hamburg

– 1994: Die feinen Unterschiede. Kritik der gesellschaftlichen Urteilskraft; Frankfurt/Main

Braudel, Fernand 1990: Das Mittelmeer und die mediterrane Welt in der Epoche Philipps II., 3 Bände; Frankfurt/Main

Brecht, Bertolt 1971: Geschichten vom Herrn Keuner; Frankfurt/Main

Bröckling, Ulrich 2007: Das unternehmerische Selbst: Soziologie einer Subjektivierungsform; Frankfurt/Main

– 2018: Gewaltdrohung und Schutzversprechen. Zur Theorie des Rakkets; in: *WestEnd* 2018/2, Sozialisation und familiale Triade, 15. Jg., Heft 2, S. 139-152

Buchanan, James M./Tollison, Robert D./Tullock, Gordon (Eds.) 1980: Toward a Theory of the Rent-Seeking-Society; Houston/Texas

Buchstein, Hubertus 2019: Kritische Theorie der Politik – Max Horkheimer und Otto Kirchheimer in der Kontroverse, in: *Leviathan*, Jg. 47, Heft 2, S. 215-242

Cartier-Bresson, Jean 2001: Ursachen und Folgen der Korruption, Wirtschaftliche Analysen und Erkenntnisse, in: OECD (Hrsg.), No longer Business as usual: Im Kampf gegen Bestechung und Korruption; Köln, S. 11-34

Chamayou, Grégoire 2019: Die unregierbare Gesellschaft. Eine Genealogie des autoritären Liberalismus; Berlin

Chambliss, William J. 1978: Eine kriminelle Vereinigung; Tübingen

Crouch, Colin 2008: Postdemokratie; Frankfurt/Main

Deckstein, Dagmar 2009: Klasse! Die wundersame Welt der Manager; Hamburg

De Elvira, Laura Ruiz/Schwarz, Christoph H./Weipert-Fenner, Irene (Eds.) 2020: Clientelism and Patronage in the Middle East and North Africa, Networks of Dependency; London

De la Boetie, Etienne 1968: Über die freiwillige Knechtschaft des Menschen; Frankfurt/Main

Deleuze, Gilles/Guattari, Felix 1977: Rhizom; Berlin

Della Porta, Donatella/Vannucci, Alberto 1999: Corrupt Exchanges; Actors, Resources, and Mechanisms of Political Corruption; New York

Deutschmann, Christoph 2019: Die Marx'sche Klassentheorie – oft totgesagt, aktueller denn je, in: *Leviathan,* 47. Jg., 1/2019

Dietz, Markus 1998: Korruption: Eine institutionenökonomische Analyse; Berlin

Dörre, Klaus 2020: Machtressourcen und Transformationskonflikte: Eine Schlussbetrachtung, in: ders./Holzschuh, Madeleine/Köster, Jakob/Sittel, Johanna (Hrsg.), Abschied von Kohle und Auto? Sozialökologische Transformationskonflikte um Energie und Mobilität; Frankfurt/Main

Duménil, Gérard/Lévy, Dominique 2018: Managerial Capitalism: Ownership, Management & the Coming New Mode of Production; London

Ebbighausen, Rolf 1989: Skandal und Krise. Zur gewachsenen ›Legitimationsempfindlichkeit‹ staatlicher Politik, in: ders./Neckel, Sighard (Hrsg.), Anatomie des politischen Skandals; Frankfurt/Main

Eiden-Offe, Patrick 2020: Die Poesie der Klasse: romantischer Antikapitalismus und die Erfindung des Proletariats; Berlin

Eribon, Didier 2016: Rückkehr nach Reims; Frankfurt/Main

Eschenburg, Theodor 1963: Herrschaft der Verbände?; Stuttgart

Esser, Josef 1982: Gewerkschaften in der Krise; Frankfurt/Main

Fetscher, Iring 1986: Die Ambivalenzen des liberalistischen 'Erbes' in der Sicht von Max Horkheimer, in: Altwicker, Norbert/Schmidt, Alfred (Hrsg.), Max Horkheimer, Werk und Wirkung; Frankfurt/Main

Freud, Sigmund 1993: Das Unbehagen in der Kultur; Frankfurt/Main

Fröbel, Folker/Heinrichs, Jürgen/Kreye, Otto 1983: Die neue internationale Arbeitsteilung; Reinbek

Fröhler, Norbert/Fehmel, Thilo 2020: Tarifsozialpolitik im transformierten Sozialstaat: Entwicklung, Stand und Perspektiven; in *Industrielle Beziehungen*, Heft 4, Jg. 27, S. 389-414

Fuchshuber, Thorsten 2019: Rackets. Kritische Theorie der Bandenherrschaft; Freiburg

Goudie, A. W./Stasavage, David 1998: A framework for the analysis of corruption, in: *Crime, Law & Social Change*, No. 29, S. 113-159

Graeber, David 2012: Schulden: die ersten 5000 Jahre; Stuttgart

Gramsci, Antonio 1991: Gefängnishefte, Viertes Heft; Hamburg

– 1996: Gefängnishefte, Band 7; Berlin

Granovetter, Mark S. 1973: The Strength of Weak Ties, in: *American Journal of Sociology*, Vol. 78, No. 6, S. 1360-1380

Granter, Edward 2017: Strictly business: Critical Theory and the society of rackets, in. *Competition and Change*, Vol. 21, No. 2, S. 94-113

Greven, Michael Th. 1994: Zur Kontinuität der 'Racket-Theorie', in: ders., Kritische Theorie und historische Politik; Opladen

Hall, Peter A./Soskice, David W. 2001: Varieties of Capitalism; Oxford

Hardt, Michael/Negri, Antonio 2002: Empire. Die neue Weltordnung; Frankfurt/Main – New York

Hartmann, Michael 2018: Die Abgehobenen. Wie die Eliten die Demokratie gefährden; Frankfurt/Main

Hay, Colin 1998: The tangled webs we weave: the discourse, strategy and practise of networking, in: Marsh, David (Ed.): Comparing Policy Networks; Buckingham – Philadelphia

Hayek, Friedrich 2014: Der Weg zur Knechtschaft; München

Hegel, Georg Wilhelm Friedrich 1958: Vermischte Schriften aus der Berliner Zeit; Stuttgart

– 1987: Phänomenologie des Geistes; Stuttgart

Heins, Volker 2006: Seduction, Alienation, Racketeering. The Death of Politics in Frankfurt School Thinking, in: *Scandinavian Journal of Social Theory*, No. 7, S. 59-73

Hensche, Detlef 2018: Mitbestimmung; in: Historisch-Kritisches Wörterbuch des Marxismus, 9/I, Spalten 1052-1079

Heritier, Adrienne 1993: Policy-Analyse. Elemente der Kritik und Perspektiven der Neuorientierung, in: *Politische Vierteljahresschrift*, Sonderheft 24, S. 9-36

Hess, Henner 1994: Para-Staat und Abenteuerkapitalismus. Die sizilianische Mafia 1943–1993, in: *Kritische Justiz*, Jg. 27, Heft 1, S. 23-41

Hetzel, Andreas/Unterthurner, Gerhard 2017: Postdemokratie und die Verleugnung des Politischen; Baden-Baden

Heyman, Josiah McC. (Ed.) 1999: States and Illegal Practices; Oxford – New York

Hirsch, Joachim 2001: Die Internationalisierung des Staates, in: Hirsch/Jessop/Poulantzas, Die Zukunft des Staates; Hamburg

Hirsch, Joachim/Kannankulam, John 2009: Die Räume des Kapitals, Die politische Form des Kapitalismus in der „Internationalisierung des Staates"; in: Hartmann, Eva/Kunze, Caren/Brand, Ulrich (Hrsg.) Globalisierung, Macht und Hegemonie; Münster

Hirschel, Dierk 2020: Das Gift der Ungleichheit; Bonn

Hirschman, Albert O. 1974: Abwanderung und Widerspruch, Reaktionen auf Leistungsabfall bei Unternehmungen, Organisationen und Staaten; Tübingen

Hobbes, Thomas 1966: Leviathan; Neuwied – Berlin

Hobsbawm, Eric 1981: Bandits; New York

Holloway, John 1997: Capital Moves, in: *Die Beute, Politik und Verbrechen*, No. 13, S. 103-111

Horkheimer, Max/Adorno, Theodor W. 1947: Dialektik der Aufklärung; Amsterdam

Horkheimer, Max 1987a: Vernunft und Selbsterhaltung *(Orig. 1942)* in: Gesammelte Schriften, Band 5; Schmidt, Alfred/Schmid-Noerr, Gunzelin (Hrsg.); Frankfurt/Main

– 1991a: Zur Kritik der politischen Ökonomie *(Orig. 1966)*, in: Gesammelte Schriften, Band 6; Schmidt, Alfred/Schmid-Noerr, Gunzelin (Hrsg.); Frankfurt/Main

– 1991b: Im Apparat *(Orig. 1966)*, in: Gesammelte Schriften, Band 6; Schmidt, Alfred/Schmid-Noerr, Gunzelin (Hrsg.); Frankfurt/Main

– 1985e: Bedrohungen der Freiheit *(Orig. 1965)* in: Gesammelte Schriften, Band 8; Schmidt, Alfred/Schmid-Noerr, Gunzelin (Hrsg.); Frankfurt/Main

– 1985a: Zur Soziologie der Klassenverhältnisse *(Orig. 1943)* in: Gesammelte Schriften, Band 12; Schmidt, Alfred/Schmid-Noerr, Gunzelin (Hrsg.); Frankfurt/Main

– 1985b: Theorie des Verbrechers *(Orig. 1939–1942)* in: Gesammelte Schriften, Band 12; Schmidt, Alfred/Schmid-Noerr, Gunzelin (Hrsg.); Frankfurt/Main

– 1985c: Die Rackets und der Geist *(Orig. 1939–1942)* in: Gesammelte Schriften, Band 12; Schmidt, Alfred/Schmid-Noerr, Gunzelin (Hrsg.); Frankfurt/Main

– 1985d: Zur Rechtsphilosophie *(Orig. 1942)* in: Gesammelte Schriften, Band 12; Schmidt, Alfred/Schmid-Noerr, Gunzelin (Hrsg.); Frankfurt/Main

– 1985e: Haupt- und Nebensatz *(Orig. 1942)* in: Gesammelte Schriften, Band 12; Schmidt, Alfred/Schmid-Noerr, Gunzelin (Hrsg.); Frankfurt/Main

– 1988: Nachgelassene Schriften 1949–1972, in: Gesammelte Schriften, Band 14; Schmidt, Alfred/Schmid-Noerr, Gunzelin (Hrsg.); Frankfurt/Main

– 1996: Briefwechsel 1941–1948, in: Gesammelte Schriften, Band 17; Schmid-Noerr, Gunzelin (Hrsg.); Frankfurt/Main

Hostetter, Gordon L./Beesley, Thomas 1933: The Rising Tide of Racketeering, in: *The Political Quarterly*, Vol. IV, S. 403-422

Huberman, Leo 1937: The Labor Spy Racket; New York

Hudson, Michael 2016: Der Sektor; Stuttgart

Humphrey, Caroline 1999: Russian Protection Rackets and the Appropriation of Law and Order, in: Heyman, Josiah McC. (Ed.), States and Illegal Practices; Oxford – New York, S. 199-232

Jansen, Dorothea 1995: Interorganisationsforschung und Politiknetzwerke, in: dies./Schubert, Klaus, Netzwerke und Politikproduktion; Marburg

Kadritzke, Ulf 2017: Mythos „Mitte“ oder: Die Entsorgung der Klassenfrage; Berlin

Karstedt, Susanne 1999: Globalisierung und Transnationale Kriminalität. Zum Erfolg „archaischer“ Strukturen in der illegalen globalen Ökonomie, in: Schmidt, Gerd/Trinczek, Rainer (Hrsg.), Globalisierung. Ökonomische und soziale Herausforderungen am Ende des zwanzigsten Jahrhunderts. *Soziale Welt*, Sonderband 13, S. 259-272

Kennard, Matt 2015: The Racket; London

Kirchheimer, Otto 1964: Zur Frage der Souveränität, in: ders., Politik und Verfassung; Frankfurt/Main

Klinger, Cornelia 2017: Zwischen Gleichheit und Gerechtigkeit. Stehen die Ideen von Aufklärung und Revolution im Neoliberalismus zur Disposition? in: Aulenbacher, Brigitte/Dammayr, Maria/Dörre, Klaus/Menz, Wolfgang/Riegraf, Birgit/Wolf, Harald (Hrsg.), Leistung und Gerechtigkeit. Das umstrittene Versprechen des Kapitalismus; Weinheim – Basel 2017

Klitgaard, Robert 1988: Controlling Corruption; Berkeley

Koschorke, Albrecht/Lüdemann, Susanne/Frank, Thomas/Matala de Mazza, Ethel 2007: Der fiktive Staat. Konstruktionen des politischen Körpers in der Geschichte Europas; Frankfurt/Main

Kracauer, Siegfried 1959: Die Angestellten; Allensbach – Bonn

Kronauer, Martin 2020: Kritik der auseinanderdriftenden Gesellschaft; Frankfurt/Main

Krysmanski, Hans-Jürgen 2018: Hirten & Wölfe. Wie Geld- und Machteliten sich die Welt aneignen; Münster

Le Bon, Gustave 2009: Psychologie der Massen; Hamburg

Lessenich, Stephan 2022: Petite Auberge Aufbruch, Zu den Möglichkeitsräumen kritischer Sozialforschung heute, in: *Soziologie*, Heft 2, 51. Jg., S. 115-126

Lindblom, Charles 1983: Jenseits von Markt und Staat. Eine Kritik der politischen und ökonomischen Systeme; Frankfurt/Main – Berlin – Wien

Lindemann, Kai 2000: Der Racketbegriff als Gesellschaftskritik. Die Grundform der Herrschaft bei Horkheimer, in: *Zeitschrift für kritische Theorie*, Heft 11, 6. Jg., S. 63-81
– 2005: Korruption als Skandalierung informeller Einflusspolitik; Berlin
– 2020: Solidarität ist das humanistische Fundament der Arbeitswelt; in *WSI Mitteilungen 5/2020*, S. 374-377
Lipset, Seymour Martin/Rokkan Stein 1990: Cleavage Structures, Party Systems and Voter Alignments, in: Mair, Peter (Ed.), The West European Party System; Oxford
Lockwood, David 2011: Das schwächste Glied in der Kette? Einige Anmerkungen zur marxistischen Handlungstheorie, in: Thien, Hans-Günter (Hrsg.), Klassen im Postfordismus; Münster
Lossow, Rolf 1949, Das große Racket; Berlin
Luhmann, Niklas 1973: Vertrauen. Ein Mechanismus der Reduktion sozialer Komplexität; Stuttgart
Maak, Thomas/Ulrich, Peter 1999: Korruption: die Unterwanderung des Gemeinwohls durch Partikularinteressen. Eine republikanisch-ethische Perspektive, in: Pieth, Mark/Eigen, Peter (Hrsg.) Korruption im internationalen Geschäftsverkehr; Neuwied
Machiavelli, Niccollo 1961: Der Fürst; Stuttgart
Marin, Bernd/Mayntz, Renate (Eds.) 1991: Policy Networks, Empirical Evidence and Theoretical Considerations, Frankfurt/Main – Boulder
Marx, Karl 1984: Der achtzehnte Brumaire des Louis Bonaparte, in: MEW Band 8, S. 111-194; Berlin
– 1972: Die Ostindische Kompanie, ihre Geschichte und die Resultate ihres Wirkens, in: MEW Band 9, S. 148-156; Berlin
Maus, Ingeborg 1994: Zur Aufklärung der Demokratietheorie; Frankfurt/Main
Messner, Dirk 1995: Die Netzwerkgesellschaft; Köln
Michels, Robert 2012: Soziologie des Parteiwesens; München
Mills, C. Wright 1962: Die amerikanische Elite; Hamburg
Mishra, Pankaj 2017: Das Zeitalter des Zorns. Eine Geschichte der Gegenwart; Frankfurt/Main
Möllers, Christoph 2017: Wir, die Bürger(lichen), in: *Merkur*, 71. Jg., Heft 818, S. 5-16
Moore, Barrington 1987: Ungerechtigkeit – Die sozialen Ursachen von Unterordnung und Widerstand, Frankfurt/Main
Mosca, Gaetano 1950: Die herrschende Klasse; München
Mueller, Dennis C. 1989: Public Choice II; New York
Neckel, Sighard/Hofstätter, Lukas/Hohmann, Marco 2018: Die globale Finanzklasse. Business, Karriere, Kultur in Frankfurt und Sydney; Frankfurt/Main

Neumann, Franz 1986: Demokratischer und autoritärer Staat; Frankfurt/Main

– 1993: Behemoth; Frankfurt/Main

Pearce, Frank 1978: Crimes of the Powerful. Marxism, Crime and Deviance; London

Peters, Guy 1998: Policy networks: myth, metaphor and reality, in: Marsh, David (Ed.): Comparing Policy Networks; Buckingham – Philadelphia

Pfeiffer, Sabine 2021: Digitalisierung als Distributivkraft; Bielefeld

Piketty, Thomas 2018: Das Kapital; München

Pistor, Katharina 2019: The Code of Capital; Princeton – Oxford

Pocock, John G. A. 1993: Die andere Bürgergesellschaft. Zur Dialektik von Tugend und Korruption; Frankfurt/Main – New York

Pohrt, Wolfgang 1997: Brothers in Crime; Berlin

Pollock, Friedrich 1975: Staatskapitalismus, in: Dubiel, Helmut (Hrsg.), Stadien des Kapitalismus; München

Pongartz, Hans J./Voß, G. Günther 2004: Arbeitskraftunternehmer: Erwerbsorientierungen in entgrenzten Arbeitsformen; Düsseldorf

Poulantzas, Nicos 1978: Staatstheorie; Berlin

Pritzl, Rupert F.J. 1997: Korruption, Rent Seeking und organisiertes Verbrechen in Russland – eine institutionenökonomische Analyse, in: *Politekonom*, 2. Jg., Heft 1

Putnam, Robert D. 2000: Bowling Alone; New York – London – Sydney

Reinhard, Wolfgang 2000: Geschichte der Staatsgewalt, Eine vergleichende Verfassungsgeschichte Europas von den Anfängen bis zur Gegenwart; München

– 2017: Staatsmacht und Staatskredit; Heidelberg

Rendueles, César 2018: Kanaillen-Kapitalismus; Frankfurt/Main

– 2022: Gegen Chancengleichheit. Ein egalitaristisches Pamphlet; Berlin

Reuter, Peter 1993: The Cartage Industry in New York, in: Tonry, Michael/Reiss, Albert J. (Eds.), Beyond the Law, Crime in Complex Organizations; Chicago

Rilling, Rainer 2016: Auf der Suche nach der verlorenen Bourgeoisie, Aspekte der US-amerikanischen Elitenforschung; in: Wendt, Björn/Klöckner, Marcus B./Pommrenke, Sascha/Walter, Michael (Hrsg.) Wie Eliten macht organisieren; Hamburg

Rose-Ackerman, Susan 1999: Corruption and Government. Causes, Consequences and Reform; Cambridge

Ruggiero, Vinzenco 1996: Organized and Corporate Crime in Europe; Aldershot – Brookfield

Ruschig, Ulrich/Schiller, Hans-Ernst 2014: Staat und Politik bei Horkheimer und Adorno; Baden-Baden

Salle, Gregory 2022: Superyachten. Luxus und Stille im Kapitalozän; Berlin

Sandel, Michael 2020: Vom Ende des Gemeinwohls. Wie die Leistungsgesellschaft unsere Demokratien zerreißt; Frankfurt/Main

Sapolsky, Robert 2017: Gewalt und Mitgefühl. Die Biologie menschlichen Verhaltens; München

Sauer, Dieter/Detje, Richard 2020: Demokratie der Arbeit im Krisenzeitalter, in: Schmitz, Christoph/Urban, Hans-Jürgen (Hrsg.), Jahrbuch Gute Arbeit 2021, Demokratie in der Arbeit; Frankfurt/Main

Scharpf, Fritz W. 1991: Die Handlungsfähigkeit des Staates am Ende des zwanzigsten Jahrhunderts, in: *Politische Vierteljahresschrift* No. 32, S. 621-634

Schmid Noerr, Gunzelin 1997: Gesten aus Begriffen, Konstellationen der Kritischen Theorie; Frankfurt/Main

Schmitt, Carl 1996: Der Begriff des Politischen; Berlin

Schulte-Bockholt, Alfredo 2006: The Politics of Organized Crime and the Organized Crime of Politics; Oxford

Scott, James C. 1969: Corruption, Machine Politics and Political Change, in: *American Political Science Review*, Vol. 63, No. 4, S. 1142-1158

– 1976: The Moral Economy of the Peasant. Rebellion and Subsistence in Southeast Asia, New Haven CT

– 2019: Die Mühlen der Zivilisation. Eine Tiefengeschichte der frühesten Staaten; Berlin

Seidman, Harold 1938: Labor Czars, A history of Labor Racketeering; New York

Slobodian, Quinn 2019: Globalisten, Das Ende der Imperien und die Geburt des Neoliberalismus; Berlin

Solosky, George E. 1938: Rackets and Labor, in: *The Atlantic Monthly*, Vol. 162, S. 393-402

Spinoza, Benedictus 1909: Die Ethik; Leipzig

Steinert, Heinz 2011: Das Prekariat: Begriffspolitik und Klassenpolitik, in: Thien, Hans-Günter (Hrsg.), Klassen im Postfordismus; Münster

Streeck, Wolfgang 2013: Gekaufte Zeit. Die vertagte Krise des demokratischen Kapitalismus; Frankfurt/Main

Stykow, Petra 2002: Mesaillance a trois: Politische Korruption als Beziehungsphänomen, in: Bluhm, Harald/Fischer, Karsten (Hrsg.), Sichtbarkeit und Unsichtbarkeit der Macht; Baden-Baden

Thien, Hans-Günter 2010: Die verlorene Klasse, ArbeiterInnen in Deutschland; Münster

Thompson, E. P. 1980: Die moralische Ökonomie der englischen Unterschichten im 18. Jahrhundert; in: ders., Plebejische Kultur und moralische Ökonomie. Aufsätze zur englischen Sozialgeschichte des 18. und 19. Jahrhunderts. Frankfurt, S. 66-130

Thompson, Hunter S. 2004: Hell's Angels; München

Tilly, Charles 1985: War Making and State Making as Organized Crime, in: Evans, Peter/Rueschemeyer, Dietrich/Skocpol, Theda (Eds.), Bringing the State Back in; Cambridge

Tonry, Michael/Reiss, Albert J. (Eds.) 1993: Beyond the law. Crime in complex organizations; Chicago – London

Tullius, Knut/Wolf, Harald 2016: Moderne Arbeitsmoral: Gerechtigkeits- und Rationalitätsansprüche von Erwerbstätigen heute; in *WSI Mitteilungen* 7/2016, S. 493-502

Van der Pijl, Kees 1998: Transnational Classes and International Relations; London

– 2001/2002: Globalization or Class Society in Transition; in: *Science and Society*, Vol. 65

Varoufakis, Yanis 2017: Die ganze Geschichte. Meine Auseinandersetzung mit Europas Establishment; München

Veblen, Thorstein 2007: Theorie der feinen Leute: eine ökonomische Untersuchung der Institutionen; Frankfurt/Main

Vogl, Joseph 2010: Das Gespenst des Kapitals; Zürich

– 2015: Der Souveränitätseffekt; Berlin

– 2021: Kapital und Ressentiment. Eine kurze Theorie der Gegenwart; München

Von Matt, Peter 2006: Die Intrige. Theorie und Praxis der Hinterlist; München – Wien

Walzer, Michael 1999: Vernunft, Politik und Leidenschaft, Defizite liberaler Theorie; Frankfurt/Main

Wienold, Hanns 2011: Die Gegenwart der Bourgeoisie. Umrisse einer Klasse, in: Thien, Hans-Günter (Hrsg.), Klassen im Postfordismus; Münster

Wiggershaus, Rolf 1986: Die Frankfurter Schule; Wien

Wolf, Harald 2017: Leistungsgerechtigkeit im Vergleich. Formen und Folgen sozialkomparativer Leistungsorientierungen, in: Aulenbacher, Brigitte/Dammayr, Maria/Dörre, Klaus/Menz, Wolfgang/Riegraf, Birgit/Wolf, Harald (Hrsg.), Leistung und Gerechtigkeit. Das umstrittene Versprechen des Kapitalismus; Weinheim/Basel 2017

Wolff, Birgitta/Neuburger, Rahild 1995: Zur theoretischen Begründung von Netzwerken aus der Sicht der Neuen Institutionenökonomie, in: Jansen, Dorothea/Schubert, Klaus, Netzwerke und Politikproduktion; Marburg

Zintl, Reinhard 1993: Clubs, Clans und Cliquen, in: Ramb/Tietzel, Ökonomische Verhaltenstheorie; München